政企协同推进国有存量资产盘活路径研究

江九顺　朱　俊　陈长明◎著

群言出版社
QUNYAN PRESS
·北京·

图书在版编目（CIP）数据

政企协同推进国有存量资产盘活路径研究 / 江九顺，朱俊，陈长明著. -- 北京 : 群言出版社，2024.6.
ISBN 978-7-5193-0964-0

Ⅰ. F123.7

中国国家版本馆CIP数据核字第2024NX5664号

责任编辑：胡　明
装帧设计：寒　露

出版发行：群言出版社
地　　址：北京市东城区东厂胡同北巷1号（100006）
网　　址：www.qypublish.com（官网书城）
电子信箱：qunyancbs@126.com
联系电话：010-65267783　65263836
法律顾问：北京法政安邦律师事务所
经　　销：全国新华书店

印　　刷：河北万卷印刷有限公司
版　　次：2024年6月第1版
印　　次：2024年6月第1次印刷
开　　本：710mm×1000mm　1/16
印　　张：14.75
字　　数：210千字
书　　号：ISBN 978-7-5193-0964-0
定　　价：88.00元

【版权所有，侵权必究】

如有印装质量问题，请与本社发行部联系调换，电话：010-65263836

前　言

近年来，中央高度重视盘活存量资产工作。2022年5月，国务院办公厅印发《关于进一步盘活存量资产扩大有效投资的意见》（以下简称《意见》），加快推进存量资产盘活，积极扩大有效投资。

我国存量资产种类较多，资产规模巨大。根据国家统计局对基础设施投资的定义和数据测算，2010—2021年基础设施投资累计接近130万亿元，假如按65%的固定资本形成率计算，将形成80万亿元以上的存量资产规模。这些存量资产可以通过REITs（不动产投资信托基金）、PPP（政府和社会资本合作）模式、并购重组、产权交易等多种方式进行盘活，且潜在盘活规模巨大。以门槛相对较高的REITs方式为例，北京大学光华管理学院REITs课题组结合中国的相关数据，预测中国REITs市场的潜在规模有望达10万亿元。

我国存量资产不仅总额较大，类型也十分丰富。在公路方面，根据交通运输部发布的《2021年全国收费公路统计公报》，截至2021年末，全国收费公路里程达18.76万公里，其中高速公路16.12万公里，全年收费公路通行费收入6 630.5亿元。在铁路方面，截至2021年底，我国高铁运营里程突破4万公里，铁路营运总里程突破15万公里，其中不乏京沪高铁等盈利能力强、收益较高的优质资产。在民航方面，根据民航局发布的《2021年民航行业发展统计公报》，截至2021年底，我国境内共有运输机场248个，全国在册管理的通用机场数量达到370个，全行业完成旅客运输量44 055.74万人次。在港口方面，根据交通运输部公布的数据，

2021年底全国已有45个亿吨大港。在轨道交通方面，截至2022年10月底，全国51个城市开通运营城市轨道交通线路281条，运营里程9 246公里，实际开行列车293万列次，完成客运量17.1亿人次。①在物流仓储方面，根据中国仓储与配送协会组织发布的《2022年中国仓储配送行业发展报告》，2021年底全国营业性通用仓库面积约12亿平方米，其中立体库（高标库）约3.95亿平方米。

盘活存量资产回收的资金既可用来腾挪替换借贷资金，有效化解释债务风险，也可投入新的基础设施项目建设。由于回收资金基本上都是权益型资金，按照20%的资本金比例测算，如果以REITs方式盘活存量资产回收10万亿元资金，在新的项目投资中，理论上还可以带动40万亿元债权资金。

我们要广泛挖掘存量资产的类型。首先，在基础设施领域存在大量收益较好或增长潜力较大的资产，既包括交通、水利、清洁能源、水电气热等市政设施，生态环保等传统基础设施，又包括大数据中心、智慧城市等新型基础设施。此外，在保障性租赁住房、产业园区、仓储物流、旅游等重点基础设施领域也存在大量的优质存量资产可以盘活。其次，在一些项目升级改造方面也存在可盘活的存量资产。比如，在综合交通枢纽改造项目中，可以通过对已有的客运站、公交站等存量资产进行整合改造，实现铁路（含地铁）、公路、航空客运之间的零距离或近距离换乘，充分发挥综合客运枢纽的整体优势，提升项目整体效率和商业开发价值。最后，市场上存在很多长期闲置但具有较大开发利用价值的存量资产，包括老旧厂房、文化体育场馆和闲置土地等，还有国有企业开办的酒店、餐饮、疗养院等非主业资产。这些资产的盘活空间巨大。比如，北京首钢工业园在原有的首钢工厂基础上，通过开发利用形成了新的特色园区，使废旧的厂

---

① 中华人民共和国交通运输部.10月全国城市轨道交通新增运营里程51.7公里[EB/OL].（2022-11-08）[2023-02-04]. https://www.gov.cn/xinwen/2022/11/08/content_5725321.htm.

房焕发出新的价值。

我们要精准匹配合适的盘活方式。一是积极采用基础设施领域REITs方式盘活优质存量资产。REITs的本质是资产的上市，其最大的作用在于帮助优质资产通过资本市场实现公开募集资金，是盘活存量资产效率最高的方式之一。发行REITs的门槛相对较高，对资产的要求也比较严格。因此，对产权清晰、现金流稳定、回报率满足投资者要求的优质资产，可优先选择以REITs的方式盘活。二是规范采用PPP模式。采用PPP模式盘活存量资产，不仅能够回收沉淀资金，更重要的是可以充分发挥社会资本的专业能力，创新运营模式、引入先进技术、提升运营效率，提高存量项目的商业价值和投资收益。与REITs相比，PPP模式更多被运用于非标准化的项目盘活过程中，有利于结合项目或资产的自身特点，设计精细化盘活方式，降低盘活门槛。三是通过资产重组盘活存量资产。一方面，鼓励国有企业依托国有资本投资、运营公司，按规定通过协议转让、无偿划转、资产置换、联合整合等方式，盘活长期闲置的存量资产；另一方面，在符合《中华人民共和国反垄断法》等法律法规的前提下，鼓励行业龙头企业通过兼并重组、产权转让等方式加强存量资产优化整合，提升资产质量和规模效益。

此外，还可通过混合所有制改革、引入战略投资者和专业运营管理机构等，提升存量资产项目的运营管理能力。很多资产小而散，不具备盘活条件，或盘活作用不大，经过重组后，可以提升盘活规模和效率。

盘活，顾名思义就是采取措施，使资产、资金等恢复运作，产生效益。加快盘活存量资产，将沉淀资金回收并投入新的项目建设，不仅有利于解决当前许多地方政府新建项目资金不足的问题，还有利于提高建设资金使用效率，形成投资良性循环，推动投资内生增长。

盘活存量资产的意义重大，但难度也不小。从宏观环境来看，当前经济环境错综复杂，不稳定性、不确定性明显增加。新一轮科技和产业革命迅猛推进，经济结构发生重大变化。

盘活存量资产必须发挥迎难而上、勇毅前行的担当精神。2022年7月28日召开的中共中央政治局会议对2022年下半年经济工作作出重要部署，提出"营造好的政策和制度环境，让国企敢干、民企敢闯、外企敢投"。敢干强调的是主观能动性，国企敢干首先需要国有企业主动作为，勇挑重担。要企业敢干，市场预期也是绕不开的因素。正所谓"信心比黄金更重要"，稳定预期，离不开好的政策和制度。为此，国家发改委办公厅发布了《关于做好盘活存量资产扩大有效投资有关工作的通知》，国务院办公厅也发布了《关于进一步盘活存量资产扩大有效投资的意见》，这些都是国企敢干的政策底气。

盘活存量资产是一个系统工程，既要加强战略谋划和顶层设计，也要把握重点，做好重点工作，尤其是用好创新手段。创新的重要性无须赘述，创新的关键在于深入研究市场规律，了解资产属性，规范灵活地用好盘活手段。

我国资本市场和投资实践中，已经积累了REITs、PPP模式、资产证券化、并购重组、资产注入、售后回租、产权交易、股权信托、战略投资等多种盘活存量资产方式和渠道，能够有效匹配各类存量资产。

商业模式方面，盘活存量资产也形成了很多细分赛道。具体包括存量交易、存量经营、存量改造和存量社区及存量经营。

一把钥匙开一把锁，办法总是比困难多。对于国有企业来说，盘活存量资产将会是又一次重大的历史机遇。机会总是留给有准备的人，谁具有重新整合要素资源的能力，谁就能获得经济效益和社会效益的双丰收。

江九顺　朱　俊　陈长明
2023年2月

目 录

第一章 绪 论 / 001

第一节 选题背景及意义 / 001
第二节 国有资产概述 / 004
第三节 国家拥有资产的理论依据 / 015
第四节 国有资产管理经营的理论依据 / 019
第五节 国内外金融支持盘活存量资产模式对比 / 026

第二章 新加坡淡马锡模式经验借鉴与启示 / 033

第一节 新加坡最强国企淡马锡 / 033
第二节 新加坡国有企业的发展之路与成功之道 / 039
第三节 新加坡与中国国有企业管理模式的比较与借鉴 / 055
第四节 新加坡淡马锡考察研究的启示 / 066

第三章 近年加快盘活存量资产的重点梳理 / 074

第一节 盘活存量资产重点方向 / 074
第二节 盘活存量资产主要任务 / 079

第四章 优化存量资产盘活方式 / 082

第一节 稳步推动不动产投资信托基金（REITs）健康发展 / 082
第二节 运用 PPP 模式盘活存量资产 / 087
第三节 积极推进产权规范交易 / 110

第四节　发挥国有资本投资、运营公司作用 / 123
　　　第五节　挖掘闲置低效资产价值 / 128

第五章　加大盘活存量资产政策支持力度 / 138

　　　第一节　完善规划和用地用海政策 / 138
　　　第二节　落实财税金融政策 / 142
　　　第三节　完善国有金融资本管理 / 148
　　　第四节　其他举措 / 154

第六章　用好回收资金有效投资和各类风险防范路径 / 158

　　　第一节　用好回收资金增加有效投资 / 158
　　　第二节　严格落实各类风险防控举措 / 164
　　　第三节　建立国有企业调解合规机制 / 165

第七章　建立工作台账，强化组织保障措施 / 173

　　　第一节　实行台账式管理 / 173
　　　第二节　建立健全国资管理法之协调机制 / 176
　　　第三节　健全国资监督制度 / 186
　　　第四节　其他举措 / 189

第八章　其他盘活路径 / 191

　　　第一节　梳理国有企业资产 / 191
　　　第二节　弘扬企业家精神，推动国企高质量跨越式发展 / 198
　　　第三节　筑牢国有企业的"根"和"魂" / 200
　　　第四节　构建中国特色现代国有企业监督体系 / 205

附　录 / 211

参考文献 / 218

第一章 绪 论

第一节 选题背景及意义

盘活存量资产既是"稳增长",又是"防风险",更事关经济高质量发展和安全发展大局。盘活存量资产,不仅有助于化解地方政府债务风险;还有助于及时回收资金进行项目投资,进一步促进稳投资和稳增长;更有助于形成存量资产和新增资产良性互动,甚至协同互促的发展新格局。盘活存量资产,与地方政府新增资产一样,具有同等重要的战略和发展意义,因此,"两手都要硬,两手都要大力抓"。

一、盘活存量资产是破解当前经济和财政风险困境的战略举措

2022年以来,我国经济发展面临的"需求收缩、供给冲击、预期转弱"三重冲击,地方财政面临的风险和困难程度,比预期要严重。从全球经济和风险挑战来看,全球经济遭遇地缘政治冲突持续、自然灾害频发等多重冲击,全球经济将经历一场根本性转变。无论是国际机构,还是权威学者,都对全球经济衰退发出了警告。比如,国际货币基金组织(IMF)、

世界贸易组织（WTO）相继发出警告，全球经济不确定性"极高"，面临越来越大的衰退风险。IMF 2022年10月以来发布的《世界经济展望报告》中，已经4次下调2023年经济增长预期。IMF总裁格奥尔基耶娃甚至认为："超过60%的低收入国家陷入债务困境，或是面临陷入债务困境的高风险。"从国内经济和风险挑战来看，当前，受超预期因素的持续冲击，地方经济发展面临新的下行压力和挑战，各种风险事件也加快暴露：房地产市场持续低迷，房地产债务风险高企；村镇银行等农村中小金融机构风险加剧；房地产风险外溢至地方土地市场，地方政府土地出让收入锐减，政府债务付息和"三保"等刚性支出压力加大，地方财政收支矛盾进一步尖锐，地方政府债务风险攀升。从2022年8月我国财政收支情况数据来看，一是地方财政收入下降较快。2022年1—8月份，全国地方财政收入74 427亿元，按自然口径计算同比下降6.5%。二是土地财政依赖难持续。1—8月份，地方政府土地使用权出让收入33 704亿元，同比下降28.5%。三是地方财政支出刚性增长，债务付息压力较大。1—8月份，全国地方级财政支出144 014亿元，比上年同期增长6.3%，债务付息支出7 532亿元，比上年同期增长7.2%。[①]特别值得注意的是，当前地方财政、金融、房地产和经济风险高度联动，且容易集聚和互溢，一旦某个风险爆发，容易牵一发而动全身。

由上可见，当前我国地方经济发展和地方财政运行出现了较为明显的困难，防范化解重大风险面临更大且更为复杂的挑战。盘活存量资产，使政府资源和政府存量资产加快向效率高的部门流动，注重从当地发展全局和整体价值来优化资源配置，这不仅是稳住经济大盘的战略性举措，更是破解当前地方经济和财政风险困境，并释放中长期经济增长动力的根本途径。

---

① 中华人民共和国财政部.2022年8月财政收支情况[EB/OL].（2022-09-16）[2024-06-04]. http://gks.mof.gov.cnl.

二、加快探索盘活存量资产的新路径和新举措是当务之急

2022年5月，国务院办公厅发布了《关于进一步盘活存量资产扩大有效投资的意见》，圈定了三大重点领域：①重点盘活存量规模较大、当前收益较好或增长潜力较大的基础设施项目资产；②统筹盘活存量和改扩建有机结合的项目资产；③有序盘活长期闲置但具有较大开发利用价值的项目资产。当前，我国地方政府高度重视盘活存量资产工作，部分地方组建了盘活资产工作领导小组和工作专班，创新"挖潜、增效"方式，全面激活存量资产。例如，在积极探索国有资源资产资本运作改革模式方面，湖南省岳阳市委、市政府领导高度重视"三资运作改革"工作，成立了由市委书记任顾问、市长任组长的高规格领导小组。在执行层面，则由市财政部门统筹总揽，并设立了"资金、资产、资源、园区、国企、特许经营权、政策法规"7个工作专班，分级分类加以推进和实施。在盘活存量资产方面，岳阳市将存量资产划分为闲置资产、经营性资产、存量公房等三大类，在清理核实的基础上全面评估，按照"用、售、租、融"的原则，分类处置行政事业单位资产，在存量公房转换为人才公寓和保障性住房、划拨土地作价出资（入股）等方面取得了新进展，并通过回收资金、盘活资产、运作资源等方式取得了好成效。可见，盘活存量资产已经得到了中央和地方政府的高度重视，地方政府在模式、方法和机制等方面进行了主动创新和探索。

但同时，我们也要看到，部分地方政府依然热衷于"扩债务""扩增量"，对"优存量""资源变资产"尤其是对盘活存量资产，缺乏战略认识，领导重视不足，部门热情不高，存在"视野窄、动作慢、办法少、力度弱"和"注重短期""效果不明显""积极性不高"等现实困境。

为此，地方政府和相关部门要从事关高质量发展和经济增长新动力的战略高度，来提高认识和增强盘活存量资产工作的必要性。不仅要进一步创新以REITs模式、PPP模式、产业整合、股权整合、资产重组、非主

业剥离和市场化资产处置等方式，来有效盘活存量资产；而且要进一步创新盘活存量资产的模式和机制，如创新国企重组改革模式、探索要素组合方式或推行"揭榜挂帅机制"。同时，盘活存量资产不仅要注重由政府主导行政事业单位存量资产的清理和盘活，还要积极支持和有效吸引民营企业和社会资本全面参与盘活存量资产。只有这样，才能将政府资源和存量资产的经济潜力与活力释放出来，切实为当地新兴产业和有发展潜力的企业提供资源支持，真正形成当地政府未来的新增财力，进而为当地经济高质量发展提供"新动力"。

第二节 国有资产概述

一、国有资产概念

国有资产（State assets）是属于国家的一切财产和财产权利的总称[①]，社会公共资产也属于国有资产。

（一）广义的国有资产

广义的国有资产包括：国家以各种形式形成的对企业的投资及其收益等经营性资产；国家向行政、事业单位拨款形成的非经营性资产；国家依法拥有的土地、森林、河流、矿藏等资源资产。国家代表全民，它是国有资产的投资者或股东。

广义上的国有资产与国有财产或国家财产同义，指依法归国家拥有的一切财产，既包括增值型（或称经营性）国有财产，又包括非增值型（或称非经营性）国有财产。从法学角度看，国有资产包括物权、债权、

[①] 国有资产管理课程不仅研究国有资产方面的问题，也研究宏观经济和微观经济方面的问题，还研究公司法、破产法、国有资产管理法等法律问题，并且必须在国际经济、政治的大环境中研究与实践。

知识产权等有形财产和无形财产，这些财产属全民所有，即中华人民共和国全体公民共有。

在我国，国有资产主要由以下几个渠道形成。

（1）国家以各种形式投资形成的资产，包括国家投入国有企业、中外合作企业及其他企业用于经营的资本金及其权益，以及国家向行政、事业单位拨入经费形成的资产。

（2）国家接受馈赠形成的资产，包括公民个人赠与我国的财产。

（3）国家凭借权力取得的财产，包括依法没收的财产，依法宣布为国有的城镇土地、矿藏、海洋、水流以及森林、荒山等，依法赎买的财产[1]，依法征收和征用的土地，依法认定和接收的无主财产[2]和无人继承的财产[3]等。

（4）凡在我国境内所有明确的各项财产，除法律另有规定属于其他主体的，也属于国有资产。

国有资产的各种分类方法：如可分为经营性国有资产、非经营性国有资产、资源性国有资产[4]；固定资产、流动资产；中央国有资产、地方国有资产；境内国有资产、境外国有资产。也可按产业划分或按部门划分。

（二）狭义的国有资产

狭义的国有资产就是经营性国有资产，指国家作为出资者在企业中

---

[1] 典型的情况是，中华人民共和国成立初期公私合营时，政府从私人手中购买的财产。

[2] 不是所有的无主财产都属于国家，须依法认定。归国家拥有的无主财产，例如：各地挖出的乌木；在自家院里挖到的文物——如果该户人家不能说明祖上在文物所处时代即居住此地的话。

[3] 例如孤老遗产的归属：未留遗嘱则归公，这是通行规则。但也可个案处理，如一直照顾孤老的人可继承部分遗产，如存款，但不能继承全部财产；如果想继承房产，法院不一定支持这种诉求。

[4] 按国有资产与社会经济活动的关系划分。

依法拥有的资本及其权益。国有资产管理改革、国企改革（包括建立现代企业制度）之前用国有资产这一说法是合适的，都是国家拥有，国家使用，国家经营，国家管理；而现在用资本这个术语更准确，可以把国有资本与企业法人财产区分开来。

经营性国有资产包括：企业（包括国有企业和非国有企业）中的国有资产；为获取利润，把行政事业单位占有、使用的非经营性资产，通过各种形式转作经营的资产；国有资源中被投入生产经营的部分。

狭义的国有资产概念是经济学中的资本概念（会计学中的所有者权益），而非会计学中的资产概念。狭义的国有资产即国有资本，包括国家作为出资者投入企业的资本及其形成的资本公积金、盈余公积金和未分配利润等。对国有独资企业来说，企业的国有资产就是该企业的所有者权益，即净资产。对国家参股的股份制企业来说，企业的国有资产是该企业的所有者权益中的国家资本。

所有者权益是企业投资人对企业净资产的所有权，在股份制企业又称股东权益——包含所有者以其出资额的比例分享企业利润的权利。所有者权益在数值上等于企业资产减去负债。

1. 法人财产权

出资者将现金、实物、无形资产投入公司后形成资本，出资者在获得股权或所有者权益后，即失去了对其投入公司的资产的所有权和支配权；公司作为独立的法人拥有了对该资产的支配权，即法人财产权。《中华人民共和国公司法》（以下简称《公司法》）第四条规定，"公司享有由股东投资形成的全部法人财产权，依法享有民事权利，承担民事责任"。上述原则具有以下意义。

法人财产整体属于企业法人，不受各股东支配，当然，股东不能抽逃投资，抽逃投资是违法行为，除非股东退股。对退股也有约定，退股行为受到制约，这也是为了保障企业的正常经营。如果股东不兼任企业的管理岗位，他们也不能经营、管理或直接影响、干预企业。

正因为公司对它的一切财产享有独立的和完全的支配权，它才成为这些财产的实际主人。这保障了法人财产的完整性和独立性，有利于有效利用法人财产的价值，有利于公司的经营与发展。

国有资产所有者——国家或者其各级政府代表，在投资活动中与其他投资主体的地位是一样的，并不享有特权，所以国有资产所有者及其授权代理者也要遵循上述法律规定。这也是我国从20世纪90年代就进行政企分开改革的目的之一（其他目的包括减少寻租和贪污腐败等不良、低效情况），即要求政府不直接干预国有企业的经营（包括对国有企业法人财产的支配）。这同样有利于国有企业（包括国有控股、参股企业）的经营与发展。

投资者（股东）只是他们的出资份额的原始所有人和企业的名义所有人。他们无权支配公司名下的现实财产，因为他们享有的已经不是这些现实财产的产权，而是公司运用这些财产创造的收益（即预期的未来财产）的产权，这就是所有者权益或股权。

也就是说，投资者在将他们的现实财产支配权让渡给公司法人后，他们便得到一种由原始所有权转换而来的股权。股权包括重大决策、资产受益和选择管理者的权利。

过去的承包、授权经营的两权分离模式，并不足以把企业推向市场，所有权与经营权简单地分离并不能产生企业作为法人必要的产权基础。所有权在其部分权能被分离出去后，仍然直接附着于企业的现实财产，因此始终存在着对这些财产"谁说了算"的问题。而政企分开，产权与法人财产权分开则较彻底地解决了上述问题。

如果公司经营者经营、管理得不好，导致公司亏损甚至破产，股东们只能追究经营者的责任，以及想办法挽救公司，并不能把公司的资产拿回去。这时候其实常常无法界定哪些资产属于这个股东，哪些资产属于那个股东。例如，若干股东向企业投入现金，这些现金被用于购买一些设备,或者用于建造厂房,那么,哪些设备属于这个股东,哪些设备属于那个股东,厂房的哪一部分属于这个股东,哪一部分属于那个股东?如果要"分家产"的话,股东们会争执不下,无法清晰界定。

企业法人财产是一个整体,无法被有效分割给股东们。并且公司破产后其财产应该先被用于支付破产(程序)费用和公益债务,然后支付员工工资、保险费等,向政府支付相关费用(如税和其他保险费),以及偿还债权人,而不是先补偿股东的损失。只有在所有债权人的债权均受清偿之后才能把剩余资产分配给股东或所有者。

为何这样安排呢?因为公司破产的责任不仅须由经营者承担,也应该由股东承担——股东选择经营者时是不是犯了决策错误?股东们在为公司做其他重大决策时是否犯了错误?股东们有没有切实承担起监督责任?

股东(尤其董事会)需要有洞察力和敏锐的感觉,及时发现企业经营管理中的潜在问题,及时警告或替换经营管理者,及时采取其他措施,避免公司遭受重大损失。

2. 现代企业制度中的基本产权关系

股东拥有企业资产的所有权,通过股息获得收益。优先股股东没有企业的经营决策表决权,但可获得优先股股息。普通股股东拥有企业经营决策表决权,这一权利实际上是部分占有使用权的表现形式。普通股股东不但可以依据资本财产所有权获得普通股股息收入,还可以依据部分占有使用权获得部分红利收入。

董事会拥有部分占有使用权,表现为经营方案制定权。董事会成员依据劳动力获得基本工资,还凭借其经营方案制定能力,以无形资产所有者的身份,以年薪形式参与红利分配。

监事会拥有监督管理权。监事会成员凭借劳动力获得基本工资,还凭借监督管理能力,以无形资产所有者的身份,以年薪形式参与红利分配。

经理层拥有经营执行权。经理层凭借劳动力获得基本工资，还凭借管理才能，以无形资产所有者的身份，以年薪形式参与红利分配。

股东收益中的股息，董事会、监事会和经理层的红利都来自企业的利润，所以企业利润最大化不仅是企业追求的目标，也应该是这四个产权主体追求的目标。

二、盘活存量资产概念

盘活存量资产就是对存量资产配置现状的各个方面进行合理调节和再配置，以提高存量资产营运的经济效益和社会效益的动态过程。存量资产的闲置或部分闲置的根源在于资产的配置结构落后于市场需求结构的变化，因此盘活存量资产的实质是将资产作为一个综合性生产要素在市场机制下的优化组合。不参与社会再生产的存量资产，要实行合理流动和优化组合，通过产权的有偿转让来达到有效利用的目的。同时，正在参与社会再生产的存量资产也存在着科学管理、合理优化的问题，以实现提高其运营效率的目的。因此"盘活"概念将延伸到整个资产，并且两类存量资产处于相互转化的动态过程之中。

三、国有资产的功能

借助国有资产可以维持国民经济控制力[①]，宏观调控国民经济。党的十五大提出，今后应该由国有企业控制的行业主要有四大类：涉及国家安全的、自然垄断的、提供公共产品和服务的、支柱产业和高新技术产业。

自然垄断的行业随着科技水平的提高及社会环境的改变，有可能成为非垄断行业。例如，在通信网络方面，随着科技水平的提高，电信公司一家独大的局面变成多家竞争的局面。在数据传输网络（俗称上网服务）方面，也由电信网络一家提供服务的情况，变成由电信（ADSL）、有线

---

① 政府的控制力。

通（同轴电缆网络和光纤网络）、移动无线网络、联通无线网络等几家提供服务，展开竞争的情况。

国有资产的宏观调控作用表现在以下两方面。

（1）通过调节国有资产总量逆向调节国民经济运行，以达到熨平经济周期的目的。使国家经济平稳运行，既不要太快，也不要太慢，GDP增长率更不能像过山车一样大起大落。例如，在经济萎缩时可以增加政府采购或政府投资，也就是增加公共财产的办法，以刺激消费、刺激经济增长；在经济过热时可以减少政府采购或政府投资，以减少消费、减缓经济增长。

（2）通过乘数效应，增加国有资产投资，可以带动更多的社会资本投入。例如2008年下半年，中国政府启动4万亿元投资，刺激经济发展的效应，其中政府投入的只是小头。

（一）使用国有资产宏观调控时的注意事项

使用国有资产宏观调控时的注意事项主要有以下几点。

（1）如果想让国有资产成为宏观调控杠杆，就必须有增有减，有进有退；只进不退或有增无减只是单向调节。前面的增减只是增量的幅度增大或减小，总体仍是增加；而这里的增减指，国有资产可能增加，也可能减少——在总量上。

（2）只要规范管理，适当出售部分国有资产不仅不会造成国有资产流失，反而会促进国有资产的保值、增值，因为国有资产的保值、增值只有在资本的运动过程中才能实现。

（3）根据马克思主义经济学原理，国有资本的出售与国有资本的投入一样，是正常的。关键在于出售价格是否合理，而出售价格是否合理又取决于出售价格的形成过程是否科学、规范、合法。

（4）一般而言，只要国有资本出售依法经过审批、资产评估和公开竞价，其价格就会比较公道，就不会出现国有资产流失的情况，而且如果该国有企业的效益好，国有资本的运行效率高，出售价格就会高于出资时的原始价格或账面价格，这就实现了国有资本的增值。

（5）对上市公司，可以利用股市减持其国有股；对非上市公司，则允许该企业出售包括国家划拨的土地使用权在内的资产，将获得的收入用于结构（产品结构、业务结构）调整和企业发展。

有学者建议可将国有资产分为三类，实行三种管理模式。

（1）作为政府的宏观调控工具的国有资产，由政府直接管理。

（2）政府为使国有资产保值、增值而直接投资形成的国有资产，应当遵循有限政企分开的原则，由政府的国有资产管理机构以经济手段行使所有权管理职能①。

（3）对大型国有控股公司和企业集团对外投资形成的资产，国有资产管理机构应当按照《中华人民共和国公司法》的要求，不直接行使所有权职能，而是由这些控股公司和企业集团以出资人的身份直接行使出资人权利，国资管理机构间接管理这部分国有资产。②

（二）我国国有企业的重要作用

国有企业是国有资产的重要组成部分，谈国有资产的功能，就不能不谈国有企业的作用。国有企业在中国经济中的三大作用是至关重要的。

1. 关键领域的"定海神针"

这里以大豆贸易为例。我国加入世贸组织之前，是全球第三的大豆生产国，每年生产大豆 1 500 万吨左右。加入世贸组织之后，我国放开了杂粮市场，国际市场大豆蜂拥而入。美国大豆由于价格低、出油率高，很快占领了我国市场，在东北这个中国的"粮仓"，很多种大豆的农民都纷纷

---

① 以出资人身份管理。
② 魏敏. 转型期地方国有资产管理体制创新对策思考[J]. 宁波经济：三江论坛，2014（6）：27-30.

改种其他农作物。2004年，美国农业部配合大宗产品市场操纵大豆价格，造成大豆价格巨幅震荡，美国企业把中国很多榨油企业"挤掉"，到2006年，中国压榨油市场基本被外资控制，金龙鱼、鲁花等品牌都是这样。

美资控制中国大豆、榨油产业后就毫不犹豫地开始"剪羊毛"。从2007年开始，美国大豆价格一路飙升，从500元/吨最高涨到2008年7月的1 650元/吨；豆油也从5 000元/吨飙升到15 000元/吨。这些导致猪肉价格迅速飙升到40元/千克。

中国政府只能派"国家队"进场。2008年3月，中粮、中储粮等国企开始收储大豆与国际资本展开拉锯战。同年8月，美国爆发金融危机，虚高的大豆价格暴跌，国际资本损失惨重。中国"国家队"抄底，大量收储大豆作为国家战略储备，仅2008年就买了700多万吨。以后每年只要大豆价格下降，中粮等国企就"买买买"；一旦国际资本炒作大豆价格，中粮等国企就动用储备"砸盘"。谁也不知道中国的大豆战略储备是多少，这几乎是国家机密。所以，虽然中国大豆产业被国际资本击溃，但是谁也不敢再炒作大豆价格。如果没有"国家队"（中粮、中储粮这些国有粮企）这个"定海神针"，中国现在的猪肉价格可能至少要翻一番。

2. 在公共领域提供普惠性的公共产品

中国铁路客运"白菜价"，城市地铁"白菜价"，公交"白菜价"，农村水电气网络"白菜价"，高等教育"白菜价"……这些同时代表着我国通过国企对全民基础公共产品的补贴，这些补贴客观上形成对外资进入中国市场的较高门槛。

3. 对外投资中体现国家意志的资本力量

对外投资也是以国企为主。与民间资本以利益为主的导向不同，国企对外投资往往都带着政治任务，体现国家的战略意志，不仅投得出去而且收得回来。因为背后的国家力量，我国国企在与西方资本的竞争中往往也具有较大优势。

上述三个原因使西方发达国家对中国国企又恨又怕，它们强烈要求中国政府削减对国企的补贴与支持，甚至要求中国国企退出市场。当然，这些要求是无理的，它们关于此点的逻辑也是霸道的。

国有企业是中国共产党重要的执政物质基础，也是我国国民经济的支柱。国有企业是我国先进生产力、国家综合实力和国际竞争力的代表，行业影响力强。我们应该正确认识和评价我国国有企业的作用。

四、国有资产管理概述

（一）国有资产管理的主要内容

国有资产管理的主要内容包括国有资产产权管理、国有资产投资管理、国有资产收益管理、经营性国有资产管理、非经营性国有资产管理、资源性国有资产管理、涉外国有资产管理、国有资产处置等。产权管理是首要的管理内容，是其他管理内容的基础和依据。投资则是保值、增值的手段。

（二）国有资产管理的总体目标

在政治目标方面，为国家履行政治职能提供物质基础，促进社会主义生产关系不断完善。在社会目标方面，促进社会进步，社会安定和社会公平。在经济建设目标方面，促进资源有效配置和经济成长。在宏观经济调控目标方面，促进物价稳定、充分就业和国际收支平衡。[①]

（三）国有资产管理的具体目标

国有资产产权管理的目标：确立产权制度；建立企业法人财产制度；

---

① 李松森，孙晓峰. 国有资产管理 [M]. 2版. 大连：东北财经大学出版社，2013：8.

高效配置资源；国有资产保值增值。

国有资产投资管理的目标：奠定国民经济的物质技术基础；调整产业结构；增加财政收入①。

国有资产收益分配管理的目标：合理确定国有资产收益在国家和企业间的分配比例；确保国有资产所有者获得投资收益，占有使用者获得红利收益；合理使用企业留利（企业留利的所有权仍属于国家）。

国有资产处置管理的目标：转让或授权经营国有资产，优化产业结构；建立竞争机制；提高资产质量。

国有资产清产核资管理的目标：清查资产；界定产权；重估资产价值；促进国有资产合理流动；为加强国有资产管理提供决策依据。

国有资产评估管理的目标：足额补偿固定资产；为依法征税提供可靠的依据；为确定产权、保护投资者的合法权益提供依据；为考核国企的经营业绩提供依据。

以上是管理企业国有资产的具体目标。

管理行政事业单位国有资产的目标：确保国有资产所有者的权益，促进国有资产的合理配置和有效使用；实行制度化管理；实行预算管理。

管理资源类国有资产的目标：维护国有资源的国家所有权；实现国有资源的产业化；有序开发资源。②

（四）可用于国有资产管理的法律、法规和制度

基本法律法规有：《中华人民共和国企业国有资产法》③《中华人民共和国全民所有制工业企业法》《中华人民共和国企业破产法》等。

针对不同企业组织形式的企业国有资产专门法律、法规有：《中华人

---

① 财政收入来自国家税收和国家投资收益。
② 李松森，孙哲，孙晓峰.国有资产管理[M].3 版.大连：东北财经大学出版社，2016：8.
③ 2008 年 10 月通过，2009 年 5 月 1 日实施。

民共和国公司法》《中华人民共和国中外合资经营企业法》《中华人民共和国中外合作经营企业法》。

实施细则方面的具体条例和规章制度有：《企业国有资产产权登记管理办法实施细则》《全民所有制工业企业转换经营机制条例》《企业绩效评价操作细则（修订）》《国有资本保值增值结果计算与确认办法》《企业国有资产监督管理暂行条例》等。

第三节　国家拥有资产的理论依据

国有资产是属于国家所有的一切财产和财产权利的总称。那么，国家又是根据什么拥有财产和财产权利呢？国家根据什么拥有经营性资产、非经营性资产和资源性资产（或财产）的呢？国家拥有资产的理论依据是什么？

一、国家拥有经营性资产的理论依据

国家生产资料所有权是国家主权在经济上的体现。它表明国家对得到开发利用的自然资源和国家投资形成的生产资料拥有权力。具体表现为国家依据生产资料所有权，履行经济建设和宏观经济调控职能。

生产资料是人们从事物质资料生产所必需的一切物质条件。生产资料按其性质可以划分为以下两类。

第一，天然生产资料，即得到开发利用的自然资源，包括得到开发利用的土地、河流、森林、矿藏等自然资源。天然生产资料是国家主权物质实体的组成部分，是国家凭借生产资料所有权所拥有的现实的资产。人们开发利用自然资源的同时，就把自然资源转变成作为一般生产条件和间接生产要素的生产资料。

第二，人工生产资料，即劳动创造的生产资料或生产出来的生产资料，包括机器、设备、厂房、运输工具、原材料、辅助材料、道路、桥

梁、运河、水库等。人工生产资料是通常人们所说的财产所有权的物质实体，是各经济主体凭借所有权而拥有的财产。也是作为直接生产要素的生产资料。通常人们所说的生产资料实际上是指人工生产资料。

因此，生产资料包括广义生产资料和狭义生产资料。广义生产资料既包括天然生产资料，又包括人工生产资料。而狭义生产资料仅指后者。

占有生产资料是人们进行生产的前提。劳动者只有与生产资料相结合，才能生产出产品。而要从事生产活动，首先要占有生产资料。如果没有作为一般生产条件的生产资料，生产活动就没有场所，可见天然生产资料是间接生产要素；如果没有生产工具、厂房、原材料、辅助材料等生产资料，生产活动就没有对象。可见，人工生产资料是直接生产要素。所以，生产资料所有制是人们从事生产活动的前提条件。

一定的生产资料所有制形式，取决于社会生产力发展的水平。社会主义社会生产的社会化，要求实行生产资料公有制。在社会主义初级阶段，多层次的生产力发展水平要求有多种实现形式的生产资料公有制与之相适应。因此，社会主义国家在保证国家拥有天然生产资料的前提下，通过多种形式拥有人工生产资料所有权，通过优化国有资产的配置和合理运营，来发挥国有资产在国民经济中的主导作用，促进生产力的发展。

国家拥有的生产资料所有权包括两个部分：第一，国家主权范围内的天然生产资料所有权；第二，国家投资形成的人工生产资料所有权。任何经济主体开发利用的自然资源和赖以从事生产经营活动的一般生产条件（场所）、国家投资形成的经营性资产，以及这些资产的伴随物（商誉、版权、商标权）、这些资产的孳息物（资产溢价和自然增长、资产收益等）都应当属于经营性国有资产，国家都拥有所有权。可见，国家生产资料所有权是国家拥有经营性资产的理论依据。

但是，由于长期以来人们往往把生产资料理解为是劳动创造出来的生产资料，而把得到开发利用的、自然界固有的生产资料排斥在外。因而，对经营性国有资产的理解仅限于国家投资形成的资产，不包括已经转变为经营性资产的资源性资产。从而导致只注重国有企业人工生产资料的管理，忽视天然生产资料的管理，缩小了国有资产管理的范围，不利于维护国家生产资料所有者的利益。

二、国家拥有非经营性资产的理论依据

国家政治主权是国家主权在政治上的体现。它表明国家对主权范围内的非经营性资产拥有权力。非经营性资产是为国家履行政治、社会和法律职能服务的。具体表现为，国家作为社会的代表，以非经营性资产为物质基础，履行政治职能，体现着国家政权机构为了保证实现国家统一、民族团结、政局稳定而对整个社会政治活动进行管理的政治权力；履行社会职能，体现着为了维持社会的存在和发展而保障社会成员基本生存条件和发展条件、提高国民素质、推动社会进步、防止外来干涉和侵略的社会权力；履行立法和执法职能，体现着为了维持社会经济秩序而制定、变更和执行法律的立法和执法权力。为了满足国家履行这些政治、社会和法律职能的需要，国家就要通过财政投资形成非经营性资产，为国家履行职能提供必要的物质基础。

因此，行政事业单位占有、使用的资产，包括国家划拨的、按规定组织收入形成的、接受馈赠和其他法律确认的资产，均属于非经营性国有资产。可见，国家政治主权是国家拥有非经营性资产的理论依据。

三、国家拥有资源性资产的理论依据

国家主权是国家对内高于一切和对外保持独立自主的固有权力。国家主权是政治学中关于国家理论的一个概念，它表明国家具有至高无上的权力。任何社会成员、经济主体（法人和自然人）都必须服从国家权力。政府是行使主权的主体。国家由国民、领土和主权三个要素所构成。政府

是居住在固定领土上拥有主权的国民的共同组织，是能够代表国民在领土范围内行使主权的主体。国家经济主权是国家主权在经济上的体现。它表明国家对其主权范围内的所有经济资源拥有权力。具体表现为国家对主权范围内的自然资源履行管理职能。国家主权不是一个空泛的概念，它依据一定的物质实体而存在。

根据这一原理，我们不难理解主权的物质实体实际上是指一国主权管辖下的区域，包括一国的陆地、河流、湖泊、内海、领海以及它们的底床、底土和领空。凡是在国家主权范围内自然界天然形成的，并且成为资产供人类利用的自然资源（包括土地资源、森林资源、矿产资源、草原资源、水资源、水产资源、海洋资源、海岸带资源、野生动物资源、风景名胜资源等）都属于国有资源性资产。可见，国家经济主权是国家拥有资源性资产的理论依据。

自然资源是潜在的资产。自然资源只有被开发利用并成为生产资料，才能转变为现实的资产。土地就是土地，无人居住、无人耕种、无人利用的土地，不可能带来经济利益。土地必须得到开发和利用才能为人们带来经济利益。因此，土地在得到开发利用之前是潜在的土地资产，得到开发利用的土地才是现实的土地资产。同理，森林、矿藏、河流、海洋、天空、草原等自然资源，在开发利用之前是潜在的资产；得到了开发利用后才成为现实的资产。所以，我们说国家凭借经济主权拥有的资源性资产是潜在的资产，是从国家主权物质实体的角度来认识国有资产，因而是最广泛意义上的国有资产。这一原理适用于任何国家。

第四节　国有资产管理经营的理论依据

一、财产要素、财产权和财产权体系

（一）财产要素

财产要素，是由作为主体的人或组织和作为客体的物或其他对象所构成的。但是，物和其他对象本身并不是财产。要使其成为财产，关键在于占有，在于人和物之间客观存在的占有关系或占有权利，即存在主体对客体的占有关系或占有权利。例如，国家的领土、领空、领海；企业的机器设备；劳动者的劳动力；管理者的经验和才能；手工业者的工具；投资者的货币资本；等等。可见，财产包括两个要素：其一，作为财产主体（所有者）的人或组织；其二，作为财产客体的物或其他对象。

（二）财产权

财产权，又称产权，是指财产所有权及其相关的权利。财产权的实质是主体对客体的排他的占有关系和权利。这种占有关系和权利，在现实生活中有多种实现形式。例如，国家财产所有权、集体财产所有权、个人财产所有权、外商财产所有权、企业法人财产权等等。财产权包括与财产所有权有关的各种权能。财产权不是一个抽象、空泛的概念，它表现为一个由各种支配权组成的权能结构，是由财产所有权及其各种权能的组合而形成的权利体系。

（三）财产权体系

财产权体系，是由财产所有权及其各项权能所构成的有机整体。财

产权体系按照不同的标准可以有不同的分类。这里，只介绍按财产权各项权能的内容进行分类的五维结构财产权体系：所有权、占有权、使用权、收益权和处置权。

1. 所有权

所有权是财产主体对财产客体的排他的最高支配权，是财产权的核心。所有权的特征有三点：第一，绝对权，借助于法律或约定俗成的力量，成为人们遵守的权利；第二，排他权，财产所有人有权排除他人对其财产进行违背所有者意志的干涉；第三，充分权，财产所有人对所有物有全面支配权。

2. 占有权

占有权是对财产的实际控制权。占有分为所有人占有和非所有人占有。所有人占有是指所有人实际占有属于自己的财产；非所有人占有是指所有人以外的人对所有人财产的实际占有。非所有人占有又分为合法占有与非法占有。合法占有是指按照法律规定或所有人的意志，由非所有人享有财产占有权；非法占有是指无法律依据、未经所有人同意而占有他人的财产。

3. 使用权

使用权是为了满足某种需要而对财产进行利用的权利。使用权又称用益权，是指在不损害财产的条件下，使用他人财产并享受其收益的权利。使用权以占有权为前提，不占有就不能使用。当所有权与财产分离之后，所有人的所有权也与使用权发生分离。

4. 收益权

收益权是获得财产使用成果分配的权利。占有是为了使用，使用是为了获得利益（这里的利益包括经济利益、政治利益和社会利益）。在所有权和使用权相分离的情况下，收益权可以按法律规定由所有人和使用人共同享有。

5. 处置权

处置权是引起财产所有权主体、财产占有使用主体变换的权利。例如，财产转让引起所有权主体变换，财产经营方式的改变引起财产占有使用主体的变换，由所有权主体的变换引起使用主体的变换，等等。

所以，完整的财产权体系是所有权、占有权、使用权、收益权和处置权相统一的五维结构，它体现了财产主体对财产客体的一种法定的所有关系、控制关系、支配关系、分配关系和处置关系。

二、国家财产权和国家财产权体系

（一）国家财产权

国家财产权，是国家财产权的代表依法对国家财产享有所有、占有、使用、收益和处分的权利。在我国，国家财产权的主体是代表国家行使财产所有权的中央政府和地方政府；国家财产权的客体是作为国家主权物质实体的资源性资产，作为一般生产条件、生活条件（间接生产要素和间接生活要素）的天然生产资料（如土地、河流、海岸滩涂等）和作为直接生产要素和生活要素由国家投资形成的人工生产资料（如机器设备，建筑物，铁路、公路、机场等交通基础设施，公园绿地环境设施）等。

（二）国家财产权体系

国家财产权体系，是由国家财产所有权、占有权、使用权、收益权和处置权构成的整体。

国家财产所有权，是指中央政府和地方政府对国家财产的支配权，又称最终产权或终极所有权。

国家财产占有权,是指各类经济主体、行政事业单位及社会成员依法享有的对国家财产的实际控制权。例如,企业对经营实际控制权,以及社会成员因承包、租赁国有企业而对国有资产的实际控制权。

国家财产使用权,是指为了满足社会生产、提供劳务或社会服务的需要而利用国家财产的权利。例如,企业为了满足生产产品和提供劳务的需要而利用国家资源和国家投资形成的生产资料的权利,行政事业单位利用国家非经营性资产的权利等。

国家财产收益权,是指获得国家财产使用成果分配的权利。获取一般生产条件投入收益的权利;凭借投资者的身份、以利润形式获取投资收益的权利;国有企业经营者凭借管理才能等无形资产所有者的身份,以风险工资和股票期权的形式获取经营收入的权利。

国家财产处置权,是引起国家财产所有权主体、占有使用主体变换的权利。例如,产权转让、产权交易的权利,由产权转让、交易引起国家财产所有权变换的权利,占有使用主体变换的权利,以及由经营方式变化引起占有使用主体变换的权利。

三、与国家财产权有关的其他财产权

国有企业财产经营权又称企业法人财产权,是指国有企业对国家授予其经营管理的财产享有占有、使用和依法处分的权利。企业经营权的范围包括生产经营决策权、产品劳务定价权、产品销售权等 14 项权利。

国有行政事业单位财产使用权是指管理国家事务的行政机关、文化教育等事业单位及党派和社会团体,为履行社会职能对国有资产享有的占有、使用的权利。

国有自然资源使用权是指全民所有制单位、集体组织及公民个人依法或依据合同,对国家所有的自然资源享有的占有、使用的权利。

采矿权是指全民、集体所有制单位及公民个人依照法定程序取得的

开采国家矿产资源的权利。

承包经营权是指公民、集体依据承包合同所取得的对小型国有企业、自然资源从事经营并获得收益的权利。

四、国有资产管理经营的理论依据

（一）所有权与经营权分离

所有权与经营权分离又称为"两权分离"。所有权是财产主体对财产客体的排他的最高支配权。经营权在法律上属于与财产所有权有关的财产权，也可以理解为是财产占有权、使用权、部分收益权和部分处置权的组合。现实意义上的"两权分离"，是指中央政府和地方政府对国有企业占有使用的国有资产的所有权与经营权的分离。

国有企业财产经营权是一种相对独立的财产权。它不仅可以排除第三人的妨害，而且可以抗辩作为所有权人的国家。如果国有企业有了充分的经营权，那么，作为所有权人的国家，对这部分已经设立经营权的财产，则退到出资人的地位——相当于股份制企业的股东地位，除任免厂长经理、取得资本收益、审批企业产权变动和资产经营形式外，不能再对企业占有使用的财产行使直接支配的权利。《全民所有制工业企业转换经营机制条例》规定了企业的14项经营权，就是为了划清所有权与经营权的界限，从而使企业真正成为自主经营、自负盈亏、自我约束、自我发展的法人实体和市场竞争主体。

（二）所有权与经营权分离的原因

在过去相当长的时期内，我国实行高度集中的计划经济体制。国有资产经营管理采取国家所有、国家直接管理、国有资产所有权与经营权高度集中统一的形式。主要表现：①国有资产所有权由各级政府部门行使；②国有企业厂长、经理由政府直接任命；③企业的产、供、销活动由国家通过计划下达；④企业的投资和财产由国家无偿调拨；⑤企业的收益、折旧和大修理补偿基金全部上缴国家，盈亏由国家统一负责；⑥企业职工由国家统一安排，工资标准由国家统一制定。这种管理方式的特点是，国家直接控制企业生产经营活动，行政计划性强。实践证明，在新中国成立初期，国有资产存量不多，集中财力进行经济建设时期，高度集中的国有资产管理体制曾发挥过重要的历史作用。

但是，随着生产力的进一步发展，国有资产存量增多，国有企业数量增加，这种诸权合一、高度集中的管理方式则出现了许多不适应生产力发展的地方，主要表现为以下方面。

（1）政企不分。政府对企业干预过多，企业成为政府的附属物，不利于企业根据市场变化组织生产。

（2）国有资产所有权主体不明确。政府各个部门都宣称自己是国有资产的所有者，对国有资产负责，造成国有资产所有者主体多元化，形成事实上国有资产无人负责的局面，国有资产流失严重。

（3）国有资产宏观经营管理效益不高。政府按行业设置部门管理国有企业，导致事实上的部门所有制，限制了国有资产的流动和优化重组，形成了许多重复建设。

（4）国有资产微观使用效益下降。诸权合一、所有权与经营权不分的国有资产管理体制，导致国有企业没有财产责任，无偿使用国有资产，保值增值观念淡薄，国有资产闲置浪费严重，使用效益下降。

（5）国有企业经济效益下降。企业没有经营自主权，内在经营机制僵化，难以成为市场经营主体，不适应市场竞争，不能根据市场供求变化灵活组织生产，企业经济效益下降。

（6）国有资源性资产流失严重。所有权与经营权高度集中的后果是，中央政府各个部门难以具体经营管理国有资源，造成矿产资源采掘无序，乱采滥掘；森林资源乱砍滥伐；国土资源占用浪费严重；水产资源乱捕滥捞，造成枯竭，国家主权利益受到侵蚀。

（7）行政事业单位占用的国有资产补偿不足，损失浪费严重。行政事业单位占用的国有资产是通过财政拨付、国家无偿投资形成的。由于管理不力，账外资产数量很大，许多已成为个人所有，丢失浪费严重；有的单位把部分国有资产转作经营用途，不为国家提供收益，成为单位和个人的"小金库"，挥霍浪费，滋生腐败。

社会主义市场经济要求实行国有资产所有权与经营管理权的分离。建立社会主义市场经济体制，目的是进一步解放生产力，促进生产力的进一步发展。它要求在国家宏观调控下，充分发挥市场在资源配置方面的基础性作用。这意味着要发挥价值规律的作用，由供求关系决定企业的生产经营。企业要在市场竞争中求得生存和发展，必须转换经营机制，成为自主经营的商品生产者。而要成为独立的法人实体，首先必须有法律上明确规定的经营自主权。因此，社会主义市场经济的发展就在客观上提出了国有企业所有权与经营权相分离的要求。其实质，仍然是社会生产力的进一步发展，要求有重新构造的财产权关系与之相适应。

（三）正确理解"两权分离"的原则

"两权分离"原则是1984年党的十二届三中全会提出的，目的是落实国有企业的经营自主权，促使企业成为自主经营、自负盈亏的商品生产者和经营者。正确理解"两权分离"的原则，应当把握以下几点。

（1）"两权分离"是企业内部所有制结构关系的变革。"两权分离"首先是指所有权与经营权的分离。这种分离意味着资产所有权已不再成为执行企业资产经营权的必备前提，因而在企业生产经营活动中可以出现不具有或不完全具有资产所有权的经营权。两权分离是实现所有权与经营权二者有机结合的一种更为高级的产权结构形式。其实质是形成所有者、经营者和劳动者之间的合理制衡机制。

（2）"两权分离"是赋予企业以国有资产经营权。政府赋予企业以国有资产经营权，而不是赋予国有企业以国有资产所有权。企业法人财产权,是政府以社会经济管理者身份,通过制定企业法人制度,确立的社会主义市场经济原则。它适用于包括政府在内的任何投资主体和任何组织形式的企业。实行企业法人财产权并不意味着否定投资者的所有权。

(3)"两权分离"的基本要求是保障国家所有权,落实企业经营权。一方面,国有资产所有者不干预企业的经营权,属于企业经营权范畴的事务,由企业自主决定。另一方面,经营者也不能侵蚀国有资产所有权,例如,不提或少提折旧,虚假利润,多发奖金;以各种形式挥霍国家资财;不向国有资产所有者上缴投资收益;未经所有者批准擅自转让企业产权;不经评估,低价转让国有资产;贪污挪用公款;等等。

(4)"两权分离"包括对国有资产所有权的两次分离。第一次分离,是指通过全国人民代表大会,把行使国有资产所有权的权利授予政府;第二次分离,是指政府通过构造国有资产投资主体,授权其具体行使国家所有者的权利。国有资产所有权两次授权的合理性与有效性,是国有资产所有权与经营权在国有企业实现合理有效分离的前提。

综上所述,实行"两权分离"的根本原因是社会生产力的发展。生产力的发展要求改变财产所有权与其他权能合一的所有权关系,以适应和促进生产力的进一步发展。"两权分离"的实质是所有权与占有权、使用权、部分收益权、部分处置权的分离。正是因为所有权与经营权分离的理论反映了社会生产力发展的客观要求,所以它才能够成为制定国有资产管理政策、法规、制度和措施的理论依据。

第五节 国内外金融支持盘活存量资产模式对比

一、资产证券化

资产证券化以底层资产未来收益为偿付支持发行证券,增强流动性、提高资金流转效率,是盘活存量资产的有效手段。根据中央结算公司发布的2021年资产证券化发展报告，我国资产支持票据（ABN）年末存量0.9万亿元、企业资产证券化（ABS）年末存量超2.4万亿元。2022年，ABS市场新增发行项目1 733只，发行规模达20 093亿元，较2021年的31 443亿元减少36%。其中信贷ABS发行量约3 557亿元，企业ABS发行量约11 482亿元，ABN发行量约4 673亿元。

从期限上看，我国的企业ABS和ABN期限一般小于5年，对于回报期长的基础设施领域，存在期限错配问题。要解决该问题，可参考美国的资产支持商业票据（ABCP）方式。ABCP同样采用特殊目的载体（SPV）结构设计，采取滚动发行方式，其优势在于入池资产可不与单期发行期限匹配，灵活性更高。

从产权转让上看，SPV主要有特殊目的公司（SPC）和特殊目的信托（SPT）两种。我国ABN采用SPT模式，而企业ABS采用证券公司成立的专项资产管理计划，不属于上述两种模式。专项资产管理计划不具备法律人格和商事主体资格，在破产清算时可能遇到财产追索权问题。日本ABS的一大特点即为可采用"SPC+SPT"双轨模式，基础资产被转让给信托银行，信托银行又将信托受益权出售给SPC，后者发行证券。该模式保障了财产独立性，更有利于后续的增信和发行。

此外，英国、澳大利亚等地采取全业务证券化（WBS）模式，原始权益人仅将基础资产抵押给SPV，SPV以贷款形式向原始权益人划转资金。英国《破产法》规定了债务违约后可指定新的经营者接手SPV，从而保证投资者权益。由于我国基础设施产权交易情况复杂，WBS模式不需资产出表，且期限为20—30年，与基础设施匹配良好，在立法保障的前提下可考虑采用该模式盘活存量资产。

二、REITs

REITs即不动产投资信托基金，我国基础设施REITs采取"ABS+公募"模式，原始权益人将底层资产出售给资产支持专项计划，由基金管理人公开募集基金对该计划投资。基础设施REITs以权益型为主,缓解企业债务压力,帮助企业剥离重资产,向轻资产运营模式转变,是基础设施资产变现的重要途径。截至2022年底,我国已经上市发行24只REITs产品,资产类型涵盖产业园、仓储物流、保租房、高速公路、清洁能源、污水处理等领域,总发行规模超过780亿元,总市值约850亿元,发行势头良好。

海外的REITs产品以税收驱动为主。比如,美国以伞形合伙人结构的UPREITs为主,即UPREITs公司作为普通合伙人(GP),原始权益人作为有限合伙人(LP)构成经营合伙企业,该过程不需原始权益人纳税,另外还能够实现多个资产组合发行。我国REITs上市以后,有关部门也出台了税收支持政策。2022年1月,财政部和国家税务总局联合发布《关于基础设施领域不动产投资信托基金(REITs)试点税收政策的公告》,免征设立环节资产划转所产生企业所得税、递延股权转让所产生企业所得税。但对采用非划转方式、划转方式产生的印花税、增值税等则没有明确规定。

从资产负债率上看,我国基础设施REITs资产负债率不得高于28.56%。对比其他主要REITs市场,新加坡S-REITs要求为45%,印度基础设施投资信托基金(InvITs)要求为49%,美国和日本则对资产负债率不设要求。由于强制分红,REITs管理人可支配的余额较少,对外部融资的需求大。试点阶段可通过严格的杠杆管理,限制管理人过度扩张造成风险,但在市场环境成熟后,可动态调整资产负债率限制,为REITs提供债务融资选择和更大的成长空间。

从派息收益率上看,我国基础设施公募REITs上市时要求派息率不低于4%,在全球范围内处于中等水平。由于上市后二级市场表现良好,目前基于证券交易价格的隐含派息率较上市时有所降低。

从发行手段上看,海外REITs与我国也有一些不同。比如,澳大利亚的基础设施基金(LIF)广泛采用合订发行模式,将偏固定收益的信托单位与偏权益的管理机构股份捆绑销售。新加坡市场同样有合订证券,发行人设立商业信托基金来运营活跃的资产管理业务,从而获得费用收入,同时设立另一只独立的 REIT 以同时持有能产生租金收入的房地产资产,为了将可产生被动收益的证券(REITs)与可产生主动收益的商业信托基金联系在一起。相对于一般的 REITs 主要收益来源为底层资产收入,合订 REITs 则将被动收益与经营性主动收益相结合,增厚回报,更有利于发行。

三、私募股权投资基金

私募股权投资基金(PE)以行业经验和战略资源协同投资资金长期辅佐企业发展,改造存量资产,实现转型提升。据中国证券投资基金业协会发布的《2021 年私募基金统计分析简报》,截至 2021 年末我国 PE 规模达 10.77 万亿元。

从主要 LP 上看,我国 PE 投资者中,企业和资管计划出资额占比合计达 86.7%,养老金及社保基金占比仅为 0.53%、境外资金占比 0.64%。长期资本不足导致我国 PE 投资期限较短,平均为 39.21 个月,同时出现集中到期等现象。对比而言,美国于 1978 年允许养老金入市,带动 PE 大规模发展,直至今日仍然是 PE 最主要的机构投资者。此外,合理运用外资则能缓解 PE 融资难的困境,同时可能提供国外先进管理方式和技术,促进企业长期发展。英国 PE 的一大特点即为外资充足,这主要得益于前期的税收优惠政策。

从退出方式上看,尽管在我国 2021 年的新增退出项目中,以 IPO(首次公开募股)退出的整体回报倍数达 2.94 倍,远高于其余方式,但受制于上市审核趋严、多层次资本市场尚不完善,采用协议转让和企业回购方式的数量仍然最多,占比达 60.3%。美国 PE 则通过主板、纳斯达克市场 IPO 等股权出售手段和 PORTAL(私募市场)等二级交易手段实现退出。其中,一级市场具有功能完整的层级结构,二级市场交易条件宽松,形成多元的 PE 退出环境,提高其流动性。

从监管模式上看，美国、英国等发达国家主要采用混合监管或行业自律组织监管。英国通过私募股权和风险投资协会（BVCA）监管，协会成员根据自身情况制定标准，可行性更强，反应速度更快。美国则采用"证监会（SEC）主导 + 自律组织"混合监管，同时兼顾监管力度和监管效果。我国私募股权投资基金的自律组织主要为中国证券投资基金业协会，政府层面则由中国证监会监管。中国证券投资基金业协会已初步形成行业规则，但仍存在处罚力度较轻等问题，同时监管主要参考《中华人民共和国证券法》《私募投资基金监督管理暂行办法》等，缺乏高层级、专门的法律依据。

四、资产管理

资产管理一般通过收购和处置不良资产盘活存量。资产管理机构可发挥平台优势，通过债权转让、破产重组、投行化手段等，提高存量资产价值和处置效率。

我国资产管理公司主要采用资产重组、债转股等方式对资产进行盘活。以债转股为例，根据中国人民银行发布的《中国金融稳定报告（2020）》，我国市场化债转股投资规模已超 1.4 万亿元。在我国资产管理公司商业化转型背景下，合法采用投行化手段盘活存量资产有利于提高其流动性，但需先完善资产评估和定价机制，创造交易环境。

从国际经验看，不同国家可能采取不同的资产管理方式盘活存量资产。韩国资产管理公社（KAMCO）积极与外国资本合作，向摩根士丹利（Morgan Stanley）、渣打（Standard Chartered Bank）等国际机构出售和转让不良资产，实现快速、高效处置。此外，还有以波兰为代表的分散处理方式，各国有银行分别设立不良资产处置部门，对仍有经营潜力的企业，通过政府介入和银行调解协议，达成债权人和债务人庭外和解，盘活存量资产。

综上所述，在我国的资产证券化、REITs、私募股权投资、资产管理等模式中,后三种处置期限相对较长,在长期支持基础设施、地产等存量资产经营改造和升级方面更具优势,资产证券化则存在期限错配问题。从权益属性上看,REITs 和私募股权投资基金主要为企业提供权益型资金,资产证券化更多属于债权型方式。由于存量资产可能具有较高的资产负债率,面对一定的流动性风险,目前盘活存量资产时有"增资减债"倾向。对于处在合理负债率范围以内的存量资产,也可根据自身情况选择发行 ABS 等扩大融资规模,助力企业盘活存量。此外,REITs 采取公募发行,相较其他模式具有吸引社会资本参与基础设施项目投资的优势,有利于扩大融资规模、优化市场结构。

就发行门槛而言,REITs 和 ABS 对底层资产的盈利水平、评级和权属要求高,一般为稳定经营阶段的成熟资产。私募股权投资则兼顾发展潜力,尚有提升空间的资产也可纳入。不良资产则可通过资产管理公司收购处置的方式盘活。此外,REITs、资产证券化和私募股权投资模式在实操中多遵循暂行条例,缺乏针对性的上层文件,法律保障不足。

五、建议

第一,强化信息披露,提升市场透明度。以 ABS 产品为例,其首次发行说明书中的信息披露要求较为详尽,但存续期的跟进评级、审计工作则完成度不一,延期披露的现象时有发生。又如,股权投资领域尤其是对非上市企业进行投资时存在信息不对称问题。金融支持盘活存量时,对信息披露的数量和质量进行统一规定,能够为投资者提供充分的决策信息,也有利于金融分析与研究。

第二,构建信用评级体系。信用评级结果反映了融资方的偿付能力,并且能有效降低信息不对称程度,是投资者做出投资决策的重要影响因素。目前,我国信用评级机构呈现规模小、分散、公信力欠缺的特点,导致信用评级结果的真实性和准确性存疑。存量资产涵盖范围广、质量差异大,信用评级对于揭示项目风险尤为重要。因此,应尽快构建信用评级体系，提升评级质量，营造公平公正的市场环境。

第三，完善资产估值定价机制，针对资产证券化、REITs及私募股权投资基金底层资产涉及收益型不动产资产的情况，建议采用与国际标准一致的现金流折现法进行资产估值，并将资本化率作为衡量估值合理性的指标之一。

第四，推进税收优惠政策。对存量资产进行盘活，一般涉及结构化设计、增信、资产重组、产权交易等多个环节，中介费较高，且各个阶段可能出现重复征税。这导致资产所有人盘活存量的成本较高，积极性不强。适当的税务减免能够降低盘活成本，倘若采用资产证券化手段，则间接提升了证券收益率，也有利于证券的发行。

第二章　新加坡淡马锡模式经验借鉴与启示

第一节　新加坡最强国企淡马锡

新加坡最强国企淡马锡（Temasek）开始在加密行业不断"刷脸"。淡马锡进入加密领域后是否相较行业原生的企业更具资源引导能力？"淡马锡模式"搬到区块链行业依然奏效吗？

麦肯锡的一项研究表明亚太地区的数字化应用速度加快了约4年。数字化正是指导淡马锡投资活动的四大关键结构性趋势之一，并影响其投资组合的长期构建。

2022年，淡马锡、腾讯控股、元宇宙投资机构Animoca Brands向澳大利亚NFT初创公司Immutable投资2亿美元。Immutable在此轮融资后，估值达25亿美元，跻身加密独角兽公司行列。

不久，淡马锡还领投了数字金融科技平台Amber Group的2亿美元融资。就在今年1月，虚拟货币交易平台FTX US完成4亿美元A轮融资，参投方中再次出现淡马锡的身影。

一、淡马锡治理模式

淡马锡治理模式，就是指"政府—淡马锡—企业"的三级监管体制。政府控制国有资本，但不直接管理企业。三层架构给企业空间、给政府控制力，同时在微观运作中尊重市场规律。

正是这种自律的、"无为而治"的精神，确保淡马锡旗下的企业能够充分地依据正确的经商原则不断发展壮大。

根据估算，淡马锡管理着 550 亿美元的市场资本化资金，而其管理关联公司证券的代管部仅有 53 名工作人员，每年的经营费用也不到 3 000 万美元。其管理效率令人叹服。在管理效率的背后是淡马锡公司优质的治理模式，拥有淡马锡 10% 所有权的新加坡财政部在公司内部起的作用很小，真正起到关键作用的是公司特殊的董事会构成、分层递进的控制方式和有效的约束机制。

（一）特殊的董事会构成

淡马锡控股有限公司的一个重要特点是主要由政府公务员兼任公司董事。董事会包括 8 名政府有关部门的代表：财政部常务秘书（相当于常务副部长）担任董事长，新加坡金融管理局局长、财政部总会计师、新加坡贸易发展局局长等都担任该公司的董事。这种国有产权的管理方式体现了政府对淡马锡人事控制的强度。

1991 年 11 月，经股东会特别决议通过，淡马锡控股有限公司对公司章程的有关部分做了一系列修正，其中特别需要重视的是有关董事任免更替的规则。

第一，在董事人数不超过公司章程规定的最高限额以内，董事会有权任命新增董事。

第二，每年应有 1/3 的董事退休，退休的董事为任职年限最长者，在任职年限相同的情况下，将通过抽签方式决定。

第三，董事会可根据需要任命1名或多名常务董事。但是在该董事任职期满时，也与其他董事一样退休，其常务董事资格也随其董事资格一起被取消。这些规则为保证淡马锡董事会的自主权利和运营效率提供了必要的制度保证。

（二）分层递进的控制方式

淡马锡控股有限公司直接拥有44家公司的股权，这44家公司共同组成淡马锡控股有限公司的第一层次子公司，即直属子公司。另外，淡马锡又分别通过产权投资活动，下设子公司等方式控制500多家公司，逐步形成了一个从政府到母公司、子公司、分公司的产权经营多达6个组织层次的大型国有企业集团。淡马锡多层次、宝塔形的产权结构决定其治理模式的一个主要特征是不同层次公司之间的逐层控制。

首先，拥有淡马锡100%所有权的新加坡财政部在公司内部起的作用很小，其主要事务仅包括任命淡马锡董事会的主席和董事，审阅淡马锡每年提交经审计的财务报告，不定期召集淡马锡或其管理的关联公司会议，讨论公司的绩效和计划以及参与特定关联公司股份的并购和出售决策。

其次，淡马锡控股有限公司董事会在内部运营管理方面有权决定公司的经营方针、股息分配及配股等事宜。并在投资决策、资金使用等方面享有完全自主权，不受财政部的制约。

再次，虽然淡马锡控股有限公司的直属子公司都独立经营、自负盈亏，由本公司董事会负责决策和管理日常经营活动，但是淡马锡董事会作为政府的产权代表，基于保证资产增值的责任，对其直属子公司的总体经营状况仍然实施全面监控。一般而言，淡马锡控股有限公司对于直属子公司基于产权关系的管理和控制主要是通过委派子公司董事会成员、保留子公司资金增加审批权、控制子公司重大产权经营决策问题等方式得以实现的。

最后，直属子公司以下各个层次公司的组织结构与淡马锡控股有限公司没有直接关系。主要是通过直属子公司逐级实施产权管理。事实上，这些公司企业完全依照市场规则运营，经营机制与一般私营企业没有明显区别。

（三）有效的约束机制

淡马锡控股有限公司的约束机制主要包括所有权约束、内部监督约束和外部监督约束三方面。

首先，所有权约束是指淡马锡控股有限公司通过国家控股的方式拥有众多上市和非上市公司的股份，淡马锡受到的所有权约束与一般企业类似，国家作为股东拥有财产所有权、剩余索取权和控制权，特别之处只是国家股权并不隶属于特定的自然人或者法人，而是由行政机构确定的产权代表代为管理。

其次，内部监督约束主要指产权代表机构对经理人的监督和约束。淡马锡控股有限公司的经营目的是通过获取盈利实现资产增值。为了保证自己的利益，国家通过任免董事会人员及总经理来实行有效的监督。董事会的职责是制定战略方针，挑选经理人员，对下属子公司的经营活动监督管理以保证资产增值，若经理人不能有效履行职责，就会被董事会罢免。

最后，外部监督约束主要是来自产品市场、资本市场和经理市场竞争的约束。在淡马锡控股有限公司，国家只是作为股东通过实施控股、参股等方式，从事投资和经营活动，除了对关系到国家安全和发展战略的企业实行独资垄断经营外，国家对大多数控股企业不采取过度保护政策，而是依市场法则公平竞争，若企业资不抵债，就会被关闭。这与一般企业的外部约束机制相类似。

二、类目丰富的投资组合

淡马锡公开资料显示，截至 2021 年 3 月 31 日，淡马锡投资组合净值为 3 810 亿新元：在金融业的投资占 24%，电信占 21%，交通运输占

19%，房地产占 14%，其他占 22%。

这一庞大的资本帝国，通过产权投资，参股了多家公司，几乎掌控着新加坡所有重要领域。

淡马锡在 2021 年底收购了 5 家公司，这些投资都有一个共同点：更符合"未来消费"的概念。

在未来的投资领域，淡马锡做出了多方面的尝试：

（一）进军新金融领域

2018 年，淡马锡将人工智能和区块链确定为能够实现全球数字颠覆的"基础技术"，并组建了对应团队，目标是将 AI 和区块链推向市场。

（二）探索 AI

在这个日益数字化的世界，投资公司淡马锡正采取亲力亲为的方式，扩大自己的人工智能和区块链能力以及与科技相关的风险投资。

（三）抓住区块链浪潮

淡马锡投资（区块链）董事总经理正领导淡马锡的区块链团队建立技术支持型企业。此前，他参与过区块链相关金融科技投资，对区块链重塑商业模式的潜力很感兴趣。

淡马锡还设立了两家运用 Affinidi 区块链技术的公司——为印度蓝领工人提供工作匹配、技能提升等服务的 GoodWorker 以及 B2B 贸易平台 Trustana。

Affinidi 和 Trustana 仍完全由淡马锡持有，这反映出淡马锡的投资策略：为这类初创企业提供长期资本支持。

（四）进军 Web 3.0

淡马锡旗下的 Affinidi 还成立了一个名为 Finnovate 的新业务部门，

并与包括银行、保险公司、资产管理公司、金融科技公司和监管机构在内的金融服务行业合作,利用 Web 3.0 相关技术,为东南亚数百万未获得银行服务的个人和中小企业提供去中心化协议和可验证证书等金融服务。

淡马锡 Web 3.0 领导层认为:"世界各地的个人和企业无法使用银行产品,而我们中的许多人认为这是理所当然的,因为他们难以提供所需的正确文件,通过可验证证书,我们正在为金融机构及其客户创造双赢:金融机构对他们的客户有了更深入的了解,而他们的客户可以获得更广泛的产品。"

(五)让地球更美好的解决方案

除了投资和构建解决方案,淡马锡还将志同道合的合作伙伴聚在一起,推动新想法的产生。

该公司与星展银行和摩根大通等金融服务机构共同创建了由区块链支持的全球多币种数字支付网络(Partior)。

淡马锡还在加大应对气候变化方面的努力。它与星展银行、新加坡交易所和渣打银行成立了全球优质碳信用交易所 Climate Impact X(CIX)。CIX 利用卫星监测、机器学习和区块链技术等创新技术,提高碳信用额度的透明度、完整性和质量。

如今,新兴技术几乎涉及我们生活的方方面面,从办公方式到各项服务。

这个庞大的商业帝国已经在风雨中走过近半个世纪,设计出适合国情和市场的"淡马锡模式",成为商业典范,并不断向 Crypto(加密货币)等创新领域进军。从成立旗下的区块链公司,到对海外的区块链项目进行投资,淡马锡在加密世界频繁出现,这也为其他传统机构点亮一盏信号灯。

第二节　新加坡国有企业的发展之路与成功之道

一、新加坡国有企业的发展之路

(一) 国有企业的产生及其发展

1. 国有企业建立的原因

1959年，以李光耀为核心的新加坡人民行动党从英国殖民者手中接过新加坡政权的时候，新加坡经济几乎处于崩溃的边缘。为此，政府不得不直接参与经济活动，为经济复苏采取一系列强制措施，首先建立了以法定机构和国有公司为主要形式的一套公共企业体系，在必须优先解决就业和住房难题的情况下，优先成立了经济发展局和建屋发展局。随后，大批国有企业的出现主要有以下几个方面的原因：一是历史遗留形成的。在1971年英国宣布结束对新加坡的殖民统治，从新加坡领土上撤离后，新加坡政府接管了一些之前就存在的垄断性行业部门。而原英军海军基地及其港口设施，一部分由国防部接管，成为国有国防企业，另一部分转为民用国有公司。二是为加强基础设施建设形成的。新加坡政府率先在制造业和金融业方面因地制宜地进行投资，建立了一些国有公司，试图吸引外资，改善投资环境。三是为推动经济繁荣发展而形成的。1965年独立后的新加坡资源贫乏，缺乏科学技术、资本与设施，私人资本又有限，因此主要以转口贸易为主。为了解决失业问题和减轻对区域转口贸易的依赖，推动本国经济发展，新加坡政府在私人部门缺乏资金和专业知识的领域进行投资，建立了一些如航空领域的国有公司。四是优化产业结构形成的。随着经济发展的需要，新加坡政府采取国际化和工业化的发展战略，只投资一些领先行业和高科技行业，以此来推动私人企业的介入，如20世纪70年代政府以船舶修理、石化、炼油、电子等行业的投资为主，80年代是海运、空运、纺织，90年代则是航天、微电子、生物科技，通过国有资本改善投资环境，刺激国内经济的复苏和发展。同时，政府对发展缓慢的产业进行重组而成立公司，如保险公司和公共交通。五是为投资国防而形成的，如建立的一些国有军工企业。可以看出，政府对国有企业的建立和发展发挥了决定性的作用。

2. 国有企业建立及其发展

新加坡国有企业的建立和发展是从法定机构和政府公司的建立开始的。首先，法定机构是通过立法成立，其功能、活动范围及权限都由特别法案规定的机构，由政府部长管辖并通过部长向国会负责。从国有企业的属性来看，法定机构不仅是政府的代理机构，而且还是一个经济实体。法定机构原先都是从事行政管理和政策制定的政府部门，但是，在具体的经济政策执行中，它们往往直接参与经济活动，因而成为国有企业。演变到现在，其中一些法定机构实际上是政府各部所属的集团公司，有经济活动和营业收入，不但机构本身从事经营业务，机构下面还设有分公司，完全自负盈亏。

目前，新加坡比较重要的法定机构有城市发展局、民航局、裕廊镇管理局（JTC）及标准与工业研究院等。其中，裕廊镇管理局是新加坡主要的基础设施建设机构，从策划和管理工业区方面来说，它是政府的一个管理部门；从建设工业区的角度，它又是一个投资公司，有自己的营业收入。现在的裕廊镇管理局已负责开发整个新加坡的工业基础设施，并将业务开展到海外的相关领域。新加坡财政部所属的新加坡税务局、贸工部所属的经济发展局等是没有收入的法定机构，实际类似于我国的行政事业单位，其经费完全来自政府财政的直接拨款。

新加坡的政府公司是指，按《公司法》依法成立，并同私人企业一样从事经营活动的国有公司。政府公司的形式有三大类：①全部为政府投资所有；②政府股份占企业股份的一部分，政府只是企业的股东之一；③政府和原公司合资成立新公司。

目前，新加坡有三大控股公司：①淡马锡控股公司，下设不同领域的多个政联企业；②国家发展部；③新加坡科技，由军工企业组成。而法定机构和政府公司又派生出很多子公司和与私人企业联营的联营公司。

3. 初期发展阶段中的政府角色

当时的政府对法定机构和政府公司分别采取了不同的管理方式。一方面，政府对法定机构首先采取直接控制的方式，如内阁部长对法定机构董事会的成员、董事长、总经理有任免权，部长可对法定机构下决策命令，法定机构的投资计划必须由部长批准。但是，在实际的运作中，部长很少直接下指令，而是通过董事会来实现其控制，但控制的范围只限定在机构的主要决策和投资方向等重大事务上，而日常工作中如职员升迁、奖惩办法等都由法定机构内部自由运作。其次，政府对法定机构的控制有时候也是间接的，主要表现在融资方面，因为企业成立子公司或有债务往来时需要有政府所属部门批准和担保；同时，法定机构在预算和资金拨款方面要受到新加坡国会的控制，也要接受向国会负责的审计署的审计，并公布审计报告。另一方面，政府对当时的政府公司采取的管理方式有：一是董事制度下的控制，政府通过股东大会实现对政府公司的控制，如公司业务必须受国家会计和审计部门审核，详细的财政年度报告必须提呈到每年的股东大会讨论通过，并具有对国家股份产生的红利的控制权；二是对政府公司的间接控制，如国有企业间互相投资、政府贷款等措施。

（二）国有企业的部分私有化过程

1. 私有化的提出

据了解，在 1983 年之前，发展中国家的经济体制中是没有"私有化"这个名称的。1985 年，新加坡经济出现下滑，面对经济改革的迫切形势，在当时的国家预算报告中，财政部兼贸易和工业部长陈庆炎博士向国会提出了"私有化计划"。他认为，新加坡在经济起步时期的政府干预是明智的，但随着经济发展趋势的变化，影响新加坡经济的动力已经不再是政府而是私人部门。随后，经过新加坡的"私有化"专门研究小组的深入调查和反复讨论，政府公布了一份《公共部门私有化报告》，宣布私有化的工作全面展开。

2. 私有化的根本原因分析

既然 1985 年新加坡政府提出了"私有化计划"，那么以 1985 年为一个时间界限，私有化的根本原因应该在 1985 年之前的国有企业经营业绩和社会效益方面进行讨论。据了解，1985 年新加坡突然发生了经济衰退，一方面，主要受到世界经济形势下滑的影响；另一方面，就国内因素来看，主要是国有企业的经营状况出现了问题，导致出现了大批国有企业经济效益亏损的严重现象。对此，新加坡经济委员会展开了全面调查，认为国有企业的内部结构和经营策略的确出现了问题，其中，国有企业的高工资和法定机构错误的定价政策导致了国有经济的不进反退，国家经济失去竞争活力的状况出现。

我们知道，政府建立法定机构的初衷并不是以盈利为目的的，而是提供基础设施服务和社会基本建设，而法定机构的资金来自政府的拨款和发展基金贷款，经营基本上是以成本为中心。随着企业的良性发展，政府逐步要求法定机构自负盈亏来减轻政府投资的负担，因此对法定机构的经济效益产生了要求，这使得法定机构不得不通过各种收费措施来弥补经营成本，积累进一步的投资资金，因而逐步产生了追求利润的欲望且背离了政府对法定机构的定位。而在社会公众眼中，法定机构是名正言顺的商业机构，由于大多是垄断企业，它们可以在市场能承受的合理范围内制定和提高收费标准又不会遭到不合理的怀疑，公众只会接受和承受着不断提高的价格，企业也就会因此得到利润。这种愿望使得交通运输和公用事业这两大行业在1985年制定了很高水平的收费标准，直接影响了企业之后的一系列经营活动。政府意识到，法定机构已经偏离了它们的本来目的，但是，法定机构毕竟不是政府部门，既要求它们自负盈亏，又要它们承担政府赋予的某些社会责任，这不得不让法定机构陷入两难境地。① 那么，如何使法定机构的经营业绩能够达到自负盈亏又能实现其社会价值？新加坡政府认为，只有私有化政策能够解决目前的危机。

另外，公共企业本身存在的一些弊病也是新加坡决定采取私有化举措的原因之一。首先，由于政府拥有的资源比私人企业多而可能造成在投资上私人企业受到排挤，直接影响了私人企业的发展；其次，排挤也可能表现在企业人才的竞争方面，公共企业的高工资往往是人才和精英们更向往的地方，而私人企业可能会因此遭受人才流失；最后，公共企业的考核制度有所欠缺也是造成公共企业经济效益衰退的重要原因。

3. 私有化的特点与效果

21世纪初，新加坡已经有30多家国有企业成功完成了国有企业私有化的工作。1987年，政府的私有化研究委员会提出报告，建议在10年时间内至少减少政府在600多家国有企业或政联企业中的股份份额，使这些企业完成私有化进程。必须强调的是，新加坡的私有化与别国的不同之处在于，私有化并不会使新加坡政府在企业中的股份总份额减少，更不意味

---

① 李晖. 新加坡国企的管理及私有化背景分析[J]. 东南亚纵横，2002（10）：23.

着政府对这些企业的作用降低，因为新加坡实行的是一种"滚动式私有化"[1]，即除了对私有化的企业采取措施之外，政府还要重新投资于新的优先领域，而投资的资金就是来自采取私有化的企业，通过出售股份使政府份额从一个企业转移到另一个企业。也就是说，政府根据需要从无须由政府参与的活动中退出，而将方向转向新的优先领域投资。当然，在这些私有化的企业中是不包括有关国防项目和其他涉及国家重大战略意义的项目的。

可以看出，新加坡的私有化进程，从规划到私有化的企业选择，再到实施，每一个环节都体现着政府的意志和控制。政府有策略地对国有企业进行部分或全部摒弃：对某些航空和运输行业的公司采取部分私有化，对快捷交通方面的企业采取全部私有化，又对一些服务部门尝试经营业务承包出去的方式以减少政府对它们的作用，另外还对教育方面采取新建具有较大自主权的独立学校的方式来激励不同学校间的竞争。私有化的结果表明，政府从不必要的活动中退出，使企业增强了发展的自主能力和竞争活力，企业成为公司直接的管理者和经营者。但是，政府并没有对这些企业彻底放手，或者说使其失去政府的控制。对政府来说，从不必要的领域退出，再通过对新的领域进行投资使新加坡公共企业的地位进一步提升，政府对公共企业的间接控制仍然存在，且在市场经济发展中的影响力也变得更大。这个经验证明：私有化在一定办法的操作下，可以做到与政府控制既不矛盾，也不冲突。在市场竞争中，只要政府对国有企业的控制得当，使国有企业有充分的自主发展权，并采取市场化的经营方式，国有企业将同样具有经济效益和良好的竞争力。

---

[1] 吴士彦，杜金伟，伟特.亚太地区的私有化[J].南洋资料译丛，1994（3/4）：1-7，24.

（三）政府与国有企业发展自主权的关系分析

1. 国家控制和有效干预是"自主"发展的前提

新加坡区别于其他不太成功的国家的本质是，不在于是否采用了干预主义的方式，而在于政府干预的效果和干预措施的质量。因为有效的政府干预引起经济和社会的变化，这要求政府有能力贯彻和执行灵活的经济和社会政策，以适应不断变化的形势。而要制定这样的政策，就要求政府独立于阶级利益和各种集团利益，这样，政府追求的目标就不会只体现这些集团的利益，如果必要的话，还可能损害他们的短期利益，这一点说来容易，做来难。因为在发展型国家的理论中，也强调这一点，但很少有国家成功地实践。新加坡政府最初也同样面临着被当地的一些利益集团所支配的可能性，但后来，人民行动党完全控制政权后，与左翼分裂，也疏离了当地企业家，当地商业精英基本上被排除在决策过程之外，商人不能决定政策，"也不能对政府施加压力"。以人民行动党为首的领导层认为，未来新加坡的经济趋势是发展面向世界市场的外向型经济，而不在于由精英企业家提倡的内向型商业活动和投资策略，因此，当时的政府及李光耀阁僚在面对众多企业家关于经济发展的建议时，毅然决然地拒绝了当地企业家的"好意"，他们认为，依赖小型制造业和一些当地企业家的发展模式，对新加坡来说将是灾难性的，因为那种发展模式的局限性将使独立期间就存在的失业问题继续严重下去，也会使这个城市国家一直陷于传统的区域转口贸易，而这样只能在短期内勉强使这个国家的经济发展达到中等水平。政府坚定地认为，面对世界市场经济，必须引进跨国公司投资的策略，使新加坡政府在世界经济发展趋势面前有国家控制力和应变能力的优势，使新加坡的国有企业能够在政府有效的干预和调控下避开陷阱，顺势而上。

2. 政企分开是国有企业享有"自主权"的关键

说新加坡的国企真正实现了"政企分开"，是指其所有权与经营权的严格分开，即政府不会干涉企业发展中的具体经营活动。无论是新加坡的政联企业还是淡马锡控股下的淡联企业，其注册时一律都是以私人企业的名义进行，这意味着企业从一开始就不具有任何形式的特权或优惠政策，对企业的管理行为也没有政府的任何束缚，与政府的联系仅限于自己的财产属于政府，企业大的决策和发展方向需要政府出面参与和建议。也就是说，这些企业完全实行自主经营、自负盈亏的政策，在市场中与私营企业进行平等的竞争。例如，国有企业使用土地，和私人企业的程序一样，同样要按照市场价格支付相应租金才能使用；企业融资时按照与私营企业一样的贷款条件和还款义务向商业银行进行贷款；招聘领导层和员工方面，国有企业和私人企业一样需要通过人才市场等程序进行平等竞聘，并采取高薪养廉的政策激励人才和精英加入，相反地，不能胜任或不合格的员工立刻辞退；企业盈利时自主进行扩大再生产，亏损时自行破产甚至倒闭，没有任何政府特殊的待遇或扶持。

因此，新加坡的国有企业就是在市场环境下产生的，加上富有才能的领导人和政府的高效管理，企业的盈利水平是相当高的。事实上，除一些军工企业外，几乎全部国有企业都是盈利的，它们的经营活动甚至比私营企业更有效率。[1] 新加坡著名经济学家吴庆瑞曾说："我们的国有企业都知道，他们一定要不断地提高产品质量和企业效益"[2]，谁也干预不了国有企业的发展，他们都坚信并服从优胜劣汰。

---

[1] 西安交大管理学院.控制而不干涉：新加坡政府对国有企业的管理方式[J].战略与管理，1998（3）：41.

[2] 西安交大管理学院.控制而不干涉：新加坡政府对国有企业的管理方式[J].战略与管理，1998（3）：41.

3. 稳定的法治环境是国有企业"自主"发展的保障

邓小平同志曾说过这样一句话："中国的问题，压倒一切的是需要稳定，没有稳定的环境，什么都搞不成，已经取得的成果也会失掉。"[1] 同理，这句话也适用于新加坡。独立初期的新加坡曾接连不断地发生罢工、暴乱等事件，李光耀当时表示，如果独立后的新加坡让这种状况持续下去，那么，过去的经济成果就会失掉，对已经存在的严重的失业问题无异于雪上加霜，跨国公司也不敢来投资，经济将停滞不前。于是，独立后的新加坡政府颁布了一系列的法律法令，如 1968 年的"工业关系法案"通过立法规定了雇佣法令和劳资关系（修正）法令，对雇佣规则、福利待遇、节假日规定等进行了详尽的规定，后又修订了职工会法令，对奖励与惩罚条件、赔偿等关系职工权利的一系列细节做出了补充和调整，这使得投资方重新掌握了对雇员的聘用、奖惩、调动、职位升降等的权力，奠定了劳资关系和谐的基础。此外，新加坡政府还成立了由劳动者、企业管理人和政府三方代表组成的全国工资理事会，就薪资核定等一系列服务条件，提出了各方都能接受又能进一步促进经济增长的联合建议，制造出一种更有秩序、更系统的工资行为，以确保劳动力市场的稳定。新加坡政府改造了独立前存在的提出罢工和要求增加工资的旧工会，逐渐"去掉劳工运动的政治色彩"[2]，重新建立了顺应人民行动党的意志并由政府控制的新工会。政府把工人组织到新工会，总会员的 90% 都是隶属于由人民行动党的政府部长和政府官员领导的全国贸联理事会。政府还任命总秘书长，使工会与政府采取合作态度，这样一方面节制了工会过度过激的行为，另一方面也保障了工人的利益，使整个社会局面趋于稳定。正如李光耀所

---

[1] 邓小平. 邓小平文选（第三卷）[M]. 北京：人民出版社，1993：284.
[2] LINDA L, PANG E F. Trade, Employment and Industrialisation in Singapore[M]. Geneva: International Labour Organisation, 1986: 11.

说:"我们制定了公平的架构监管劳资关系,以便平衡整个局面。"① 这样一来,也使工会站在了更高的层次上,成为政府的协调机构,为促进经济发展服务。为了保持稳定,新加坡政府还要求建立健全"恭顺"的媒体,认为传媒的作用是"传达政府的政策,而不是对政府的政策质疑"②,因此它限制大众传媒的"过激行为",不允许对政府进行随意的批评,不允许诋毁政府的信誉。可以说,新加坡政局的稳定是在以李光耀为首的人民行动党的多年集权统治下实现的,这种状况为政府有效地干预经济提供了有力保障,因为新加坡要在短期内实现历史性巨变,难免会激发多种矛盾,而采取这种统治形式,可以对保持社会稳定、整合国力、启动发展起到必要的保障作用。

二、新加坡国有企业监管的成功之道

(一)新加坡国有企业监管的成功经验

新加坡经济的快速发展,与新加坡国有企业的成功改革与发展活力密不可分。新加坡国有企业,如新加坡航空公司、新加坡樟宜机场、新加坡公共住房体系等已成为新加坡经济成功的重要标志。经过多年的探索和积累,新加坡政府逐步形成独具特色的国家控股、公司化运作、集团化管理的淡马锡公司治理模式。淡马锡公司成立于1974年,是一家由新加坡财政部独资拥有的公司。淡马锡公司的经营操作由财政部的投资公司负责监督,对于某些重大决定、大型的民营化项目及政策等,财政部在给予淡马锡相当大的经营自主权的同时保留咨询权。淡马锡的功能定位是塑造好国有股东的形象,以"通过有效的监管和商业性战略来培育世界级公司,

---

① 李光耀.经济腾飞路——李光耀回忆录(1965—2000)[M].北京:外文出版社,2001:99.

② LEE H L. Media's Role: To Inform People of Govt Policies[J]. Straits Times(overseas edition),1990(6):2.

从而对新加坡的经济增长做出贡献"为宗旨，其基本职能部门代表国家持有企业股份，淡马锡公司治理模式的成功实践，为新加坡的经济发展做出了巨大贡献。

1. 健全公司治理结构，稳健承担经营风险

新加坡采用政府主导下的经济发展模式，其国有经济以法定机构和政联公司两种形式存在。对法定机构的监管包括宏观层面的董事会制度及微观层面的内部审查机制，法定机构承担经济功能和社会功能双重职责。对政联公司而言，政府的角色是所有者或股东，主要职责以提高收益并引导产业发展为主，公司运作完全采用私人企业模式。

淡马锡公司始终秉承稳健地承担风险的原则，为降低运营风险，淡马锡公司对投资的职责与权限进行了明确划分，每个批准权限都有严格规定。淡马锡公司的操作模式是以政府参股、控股的方式将国有资产置于社会公众的监督之下，以避免独资国有企业可能产生的种种弊端。淡马锡作为财政部投资成立的公司，在每年从政联企业取得红利的同时，也必须将自己利润的50%上缴财政部强化政府监督、舆论监督及公众监督。尽管淡马锡公司作为一家有限公司，不必向公众公布财政数据，但每年必须向财政部递交经过审计的财务报表，财政部每年还将对淡马锡公司的经营业绩进行财务检查。

2. 建立风险共担的薪酬制度

为确保管理者兼顾短期与长期利益，淡马锡公司的薪酬管理以管理者与股东共命运为原则。管理层的薪资结构由基本薪资与红利两部分组成，红利多少取决于管理者个人及团队表现。为了保证管理者为公司长期利益着想，红利发放延后3—12年，并与公司的股东收益和资产增值水平挂钩。

淡马锡公司董事会的职责是制定提供整体的指导方针、政策指引以

及风险管理架构。为培育风险共担意识及风险管理文化，首席执行官与高级管理团队共同制定公司风险管理架构的目标和政策。风险共担的薪酬制度强调立足于长远并以公司的利益为先，将企业风险管理纳入公司日常决策，确保员工与股东利益相连，命运与共。

3. 董事会充当"防火墙"，避免政府干预企业正常经营

权责明确是淡马锡公司管理模式的一大特色，董事会下辖审计委员会、执行委员会及领袖培育与薪酬委员会，主席皆由独立于管理层的非执行董事担任，这一模式确保了管理层决策的独立性及专业化运营。在董事会指导之下，企业拥有完全自主的决策权，淡马锡的管理层对公司运营负责，管理层则通过职业经理人的专业投资及管理，实现股东长期利益最大化及国有资本保值增值。

董事会作为政府和管理层的"防火墙"，切断了政府对管理层的直接干预，避免了政企不分现象的发生。政府对淡马锡的影响主要借助两种方式：一是通过派出股东董事了解企业运营状况并参加董事会决策和方针制定；二是在淡马锡和财政部之间建立协约机制，淡马锡公司必须将资产买卖计划及时通告政府，确保政府能够及时了解公司经营管理绩效。

4. 重视企业市场生态环境的建设，以"一臂距离"进行监管

首先，贯彻"一臂距离"原则，政企适当分离。新加坡是政府主导型经济，政府理性作为、企业商业运作是新加坡国有企业监管的成功秘籍。一方面，贯彻"一臂距离"原则，所有权与经营权分离，企业监督科学有效，确保出资人到位、政府有作为；政府作为淡马锡公司的唯一出资人，将公益性垄断性行业授权淡马锡经营；淡马锡通过控股或参股发展淡联企业；政府和总统"两把钥匙"委任淡马锡公司董事和执行总裁；政府与淡马锡之间建立相互尊重的平等关系。另一方面，企业采用市场化经营

理念和商业化运作模式，建立规范化治理结构及灵活的运营机制。

其次，为企业经营创造良好的外部市场生态环境。要提升企业活力，政府要摆正与企业的关系，还要为企业经营创造一个涵盖廉洁政府、商业推动、法制严厉、社会诚信及社会和谐等要素的系统性、全方位、良性循环的市场生态环境。

最后，建立并实行严格的监管制度。新加坡从外部和内部两个方面对国有企业进行监督，外部监督主要有政府监督、舆论监督及公众监督三种方式。新加坡对会计师和设计师追究无限责任，即使20年后抽查到有问题同样要承担无限责任；挂牌上市的政联公司每年必须向证监会上报有关经营情况。新加坡还建立了由政府审计署、企业内部的审计及外部监督的完善和严密的会计体系，商业调查局负责专门调查包括政联公司在内所有公司的商业行为是否合法。

（二）对我国国有企业监管的启示

当前，面对异常复杂多变的国内外环境和艰巨的发展任务，我国国有企业改革已经进入深水区，外部环境越来越复杂，难度也越来越大，企业的管制成本不断提高，国有企业在治理结构、运营管理水平及监管方式等方面均面临巨大挑战。新加坡国有企业监管的先进理念和成功经验，对加强我国国有企业的监管具有重要借鉴价值。

1. 加快政府职能的转变，营造良好的市场生态环境

首先，加快政府职能转变。国有企业要发展壮大，一方面取决于自身的经营能力，另一方面也离不开政府职能部门的支持。政府相关部门应为企业发展营造良好的市场生态环境，从政府主导投资的"建设型"政府转变为"服务型"政府，简政放权，为国企发展排忧解难；通过产业政策制定，积极引导国有企业优化产业布局与产业结构，明确主导产业与投资方向，有进有退，做到"进而有效，退而有序"；通过加强董事会建设来

实现有效监管，减少政府对国有控股公司经营决策的直接干预；取消给予国有企业的不合理的"特权"或"优惠政策"，使国有企业与其他企业享有相同的权利并在同等条件下公平竞争、优胜劣汰。

其次，厘清国资委（国务院国有资产监督管理委员会）的职责与功能定位。国资委作为出资人监管机构，其功能是代表政府管理国有资产，承担国有企业重大投资方向及规模的监管、国有企业的重组和上市、国有企业运营风险管控和对国有企业经营领导班子的绩效考核等职责，以实现盈利（经济效益）、社会效益和股东利益最大化及国有资产的保值增值。为此，国资委应加快监管方式的转变，采取市场化方式运作国有资本，依靠产权纽带管理国有企业。

最后，加强对国资监管机构的人才配置，尽快提升国有企业监管队伍的专业素质和业务能力，以确保国有企业监管工作的有效开展。国资委应主动为所属机构的监管人员创造更多的培训、进修、调研、交流、挂职锻炼及出国考察等学习机会，不断提高国有企业监管队伍的整体素质。

2. 完善法人治理和董事会建设，建立有效制衡监督机制

完善公司法人治理的关键是董事会建设，应明确董事长的法人地位及董事会和管理层的职责，使企业真正成为市场决策的主体。进一步加强董事会建设，健全独立董事和派出监事会制度，提高外部董事的比例，规范外部独立董事的选聘，完善公司法人治理结构。进一步规范国有企业股东大会、董事会、监事会和经营者等权责，在权力机构、决策机构、监管机构和经营者之间形成有效监督与制衡机制，确保相互制约、效率与规范并重。一是权力制衡机制，董事长和总经理（首席执行官）不能由一人兼任，企业董事会和总经理分设、各司其职。董事会依法履行战略决策、经营者选聘、风险管控、获取投资收益等权力，总经理履行经营管理职能。二是投资制衡机制。如果投资规模超越管理层的权限，必须交由执行委员会或董事会批准。三是财务制衡机制。建立并完善以 EVA（经济增加值）为核

心的业绩考核制度，按计划和批准权限使用资金，按会计准则清楚、真实地记录会计账目，并由注册会计师审核财务报告。此外，还应健全独立董事和派出监事会制度，规范外部独立董事的选聘并提高外部董事的比例。

3. 实施分类监管，完善业绩考核体系与薪酬管理制度

首先，尽快对国有企业实施分类监管。在国有经济改革发展过程中，不同类型企业承担的任务、发展基础、所处行业和发展阶段均不相同，"一刀切"的监管显然有失公允。因此，应加快对国有企业的分类与分类监管，尽快完善分类考核与激励约束机制，增强考核的针对性和有效性。

其次，尽快制定并完善国有企业监管体系与业绩考核制度。坚持当前与长远相结合、企业发展与员工利益相结合，完善业绩考核体系，不断完善重大事项监管、业绩考核及对企业领导人员管理等方面的规章制度；制定科学的考核目标体系，将年度考核与任期考核相结合，建立任期风险基金，防止负盈不负亏。

最后，进一步健全业绩考核与薪酬管理制度。采用企业负责人履职评价、业绩考核、公认度考察、责任追究"四位一体"的综合考核评价办法，将考核结果与企业负责人选拔任用、薪酬管理、职务消费、责任追究等有效挂钩。在基本年薪和绩效奖励的基础上，探索股票期权等奖励方式，防止因经营者的短期行为造成国有资产流失；加强财务监督，进一步强化全面预结算管理、重大财务事项管控、财务绩效评价和财务信息化建设，提高企业财务管理水平；增强业绩考核的针对性，加强企业全员业绩考核，增加经济增加值（EVA）考核在业绩考核中的比重，以提高经营者资本成本与强化股东回报意识，更好地发挥业绩考核的导向作用。

4. 完善财务内外审计监督制度，强化政府监督、舆论监督及公众监督

目前国有企业监督体制主要包括由企业内部监事会与纪检监察组成

的内部监督及外部审计、纪检部门和中介等机构组成的外部监督。由于我国现有体制所限,内部监督等同于同级监督,从某种意义上说,这种内部监督容易出现形同虚设、有名无实之概率;与此同时,由于缺乏制度支持与约束,外部监督未设定定时统一标准,作用可能会打折扣。因此,应借鉴新加坡经验,尽快完善国有企业内部审计和外部审计的制度体系建设,对审计实行"问责制"和终身责任追究;政府部门应尽快出台外部审计监督的一系列规章制度,规范外部审计制度及政府相关部门的检查监督行为,通过内外部审计监督与专项检查的有机结合,强化政府监督、舆论监督及公众监督,使国有企业在公众"放大镜"下运营。

5. 建立全面风险管理体系,完善风险预警与防范机制

进一步建立健全全面风险管理体系,完善风险管理流程与工作机制,强化对运营风险的监控和预警,防止重大风险损失的发生。首先,强化企业财务风险防范。督促企业全面执行新的会计准则,建立财务风险预警、监测、评价及应对体系;切实加强现金流量管理,强化成本管理和控制,加强应收账款管理。其次,逐步建立重大投资项目后评价的投资管理机制。监督指导企业建立健全内部投资管理制度,完善投资管理办法,严格规范投资程序。再次,督促企业完善内部资产管理的基础工作,从源头上防止国有资产流失。最后,进一步规范国有产权管理,推进国有产权代表派驻企业董事会。

6. 推进股权多元化改革,加快国有企业整体上市步伐

目前国有企业以国有独资企业为主的产权结构决定了企业董事会的结构,这种"产权封闭"(即国家作为国企的出资人拥有100%的产权)造成董事会成员全部由出资人委派和组成,致使部分国有企业治理水平仍然比较低下。为此,要提升国企竞争力、控制力和影响力,就必须尽快消除"产权封闭"。首先,完善国有企业法人治理结构,实行外派董事并增

加独立董事的比重。其次，按行业及产业对国有企业进行整合，加快大型国有企业的产权重组。再次，推进股权多元化改革，引入民营和民间资本及战略投资者，吸引更多的社会资本参与竞争性领域及公益性国有企业改革，最终实现"产权开放"。在竞争性领域，国有企业改革应从"一股独大"转为构建一个与民营企业共赢发展的机制，将竞争者变成合作者；同时，吸引民间资本参与公益性产业投资，加大公共服务的政府采购。最后，推进国有企业股份制改造及整体上市，推进企业治理结构变革，提高国有企业运营的透明度，通过积极的战略投资与有效监督培育世界级公司，实现国有经济的发展壮大及国有资产的保值增值。

第三节　新加坡与中国国有企业管理模式的比较与借鉴

一、中国的国有企业改革与发展情况概述

新民主主义革命胜利初期，我国为了快速实现经济复苏，以没收官僚资本、改造民族资本为主要方式，以公私合营为主要形式建立起了一批由政府主导和管控的国有企业。基于改革开放之前中国实行的是高度集中的计划经济体制，国有企业作为当时商品的主要生产者和经济指标完成者，自然而然地规划在政府计划之中，且以政府的全权控制和管理为特点存在着。国有企业的领导人也是政府任命的政府官员，具有企业领导人和国家干部的双重身份；国有企业的经营管理活动也由政府完全管控，企业中所有个人和集体的经济活动都由政府说了算。因此，改革开放前的国有企业完全就是国家和政府实现经济目标的工具，被贴上了政府附属物的标签。直到改革开放之后，随着我国社会主义市场经济体制的初步建立和逐步完善，国有企业的性质和发展方向也随之发生了相应变化。在我国每一

个五年计划的文件中都可以看到，国家虽继续不断地投入巨资兴办国有企业，使之成为社会主义市场经济体制中国有经济和国家财政收入的主力军，但投资的方向和国有企业的发展方式越来越科学化、人性化、开放化和民主化，国有企业的持续改革也成为经济体制改革的重要组成部分。回顾我国国有企业的改革历程，可以发现这是一场以处理政府、企业和市场这三者之间逻辑关系而展开的改革，多年来处理好这三者的关系是我国国有企业改革的核心。

我国的国有企业管理模式从宏观上看可以分为改革开放前后两个大阶段。改革开放之前，由于计划经济体制的限制，国有企业的建立和发展都属于政企不分的阶段；改革开放之后的40多年来，回顾我国政府对国有企业管理所进行的努力可以看出：第一，政府在逐步走向政企分离的道路。政府对国有企业的管理正逐步放松，企业的自主性内涵在逐步扩大，拥有的自主权力也在不断增强。第二，政府与国有企业的关系也由以前完全的附属关系逐步转变为经济关系、产权关系及法律关系，之后也有向相互独立的间接关系转变的形势。

近10年，中国主流的国有企业管理模式有两种：第一种是"国资委"模式，即国资委作为国有企业的出资人，承担管人、管事和管资产的重大职责，政府也借此将无形的"干预之手"插到经营管理层面，比如要求在特定方面进行投资、统一标准的薪酬等。但实际上，限于行政级别、管理能力及部门人手不足等原因，国资委对国有企业的管理难以完全实现"三管"局面，甚至连董事会的重大决策有时都影响不了，无法履行出资人的职责。第二种模式是汇金模式，即以管国有资本为主，依据国务院授权，代表国家行使对国有商业银行等重点金融企业出资人的权利和义务。汇金模式被认为是与新加坡"淡马锡模式"相类似的一种管理模式，它要求严格地将自己对持有股份企业的影响限制在董事会层面，派驻董事只参与公司重大事项的决策，履行政府"管资本"的权利与义务，同时强力地履行国家经济政策的大方向和企业相关职责，这有助于企业在经营决策上的自主权，有效地推动了公司治理的现代化发展。汇金模式虽然保证了国有企业的经营绩效，避免了政府对企业的过度干预，但也挑战了现有国有企业经营的很多规则，如党委和董事会的关系、业绩亏损企业的退出机制等。

总结多年来我国国有企业改革的思路，可以发现始终在围绕两大主线：一是划定国有企业存在的领域和方向；二是政府应该如何管理国有企业，即国有企业的管理模式变迁。改革开放之后，我国国有企业的改革历程可以分为三大阶段：1978年至1998年这20年是第一阶段，这期间我国政府意识到并开始实行扩大国有企业的自主经营权和明确经济责任制。其中，20世纪80年代中期，政府通过税收把国家和企业的分配关系确定下来，稳定了企业的自主经营权。80年代后期，政府推进了国有企业承包制，在权责明确的前提下，进一步加强企业责任，力图促进国有企业的自主发展。随后1998年至21世纪初是第二阶段，这阶段的政府先后提出了关于国有企业的产权变动、国资管理及利益分配等一系列规定和措施，为进一步实现国有企业权责分明和国有企业高效率发展奠定了良好基础。第三阶段，也就是从21世纪初至今，政府举措的重点是对国有企业的大规模股份化改造和资本投入的多元模式发展。近几年来，这两方面的改革已经使国有经济发展卓有成效，但遗憾地说都未能解决根本问题。也正因此，国有企业的再改革、再深化呼声不断，水涨船高。中共中央在2015年9月13日发布的《关于深化国有企业改革的指导意见》中再一次对国有企业深化改革做出指示，分别从国有企业的分类管理、现代企业制度、国资管理体制、混合所有制、防止国资流失、党的领导等章节来叙述新一轮国企改革的"顶层设计"。而此次改革前所未有的指示是，提出国有企业要从以前的"管企业"转向"管资本"的国资管理思路，并且在思路的提法上改"管资产"为"管资本"，这一提法是国资管理模式的创新，国有企业改革也可能因此进入下一个突破性的阶段。

2018年10月，全国国有企业改革座谈会在北京召开，会议传递出多个重要改革信息。国企改革部署将紧扣重点，务求实效。在实践层面，新启动的国企改革"双百行动"紧锣密鼓推进，新一批国有资本投资公司试点相继推出。

2019年11月，国务院国资委发布了《中央企业混合所有制改革操作指引》。

2020年5月22日，时任国务院总理李克强在发布的2020年政府工作报告中提出，提升国资国企改革成效，实施国企改革三年行动。

2020年9月27日，国务院国有企业改革领导小组第四次会议及全国国有企业改革三年行动动员部署电视电话会议在北京召开。会议指出，国有企业改革三年行动是未来三年落实国有企业改革"1+N"政策体系和顶层设计的具体施工图，是可衡量、可考核、可检验、要办事的。国务院国资委将坚定不移狠抓国企改革的责任落实、重点举措、典型示范，切实提升改革综合成效，增强国有经济竞争力、创新力、控制力、影响力、抗风险能力。

二、两国国有企业管理模式的比较

中国的国土面积比新加坡大很多；新加坡的人口也相对很少，且70%以上是华人，而这样的规模仅仅相当于中国大陆一个城市的人口规模；在新加坡投资的外资企业看重的不是新加坡市场的需求，而是新加坡的市场竞争环境，但在中国投资的外资企业往往看重的是中国劳动力的成本和由广大人口带来的市场需求。这些是新加坡与中国的国有企业在背景上的差异。

（一）国有资本管理方面

我们知道，产权是市场经济的前提和基础，产权的特点是具有分离性、流动性。正因此，产权具有了资源优化配置的功能，有利于推动经济高效发展。新加坡淡马锡模式获得成功的关键因素之一，就是果断打通了国有股份的退出通道，提高了国有股份的流动性，使淡马锡从一个国有企业的控股公司，基本转型为一个持有流动性和分散性股份为主的财富基金。① 随着新加坡的"私有化"和"私营化"两个阶段，以及多年来国有资本在国内不断地进行退出和转投资行动，新加坡的国有全资企业和国有控股企业数量在不断地减少，但这并不意味着国有资本价值也在降低。相反地，正因为新加坡政府对国有资本在国内的投资减持，使得以国有股退出所收回的现金足以在世界市场中进行流动和转投资，这样一来，新加坡国有资本的价值不仅没降低，反而呈数以百倍地增长。也正是大规模的战略撤资和"国退民进"的领先政策，很好地处理了国有资本和私人资本合理布局、优化配置的问题。目前有资料显示，新加坡国有资产组合的价值已经是成立初期的700倍，成为新加坡人民一笔巨大的战略性财富。

相比之下，我国从1949年到20世纪90年代初，将国有资产作为非商品性质的资产进行管理，国有资本的首要使命就是为新中国建立一个基本齐全的工业体系，实现工业化，那时国家需要通过各种方式来加速国有资本的积累并迅速投入工业建设中去，资本的流动性并不重要，甚至国有企业的竞争力也并不重要。在传统计划经济体制下，国有资产被看作和一般的公共资源相同的管理对象，投资和经营国有资产的目标是实现社会效益和维护社会稳定。企业也没有利润目标，管理体制完全按照行政管理方式来设置。随着社会主义市场经济体制的建立和发展，政府意识到国有企业需要向独立的市场主体方向转变，管理模式也需要向独立的公司法人方向转变。这时候已经建立起的完备工业体系却开始出现明显的产能过剩，国有资本的过度投资导致国有资本回报率低、管理体制出现道德风险等难题，加之我国受计划经济体制的长期限制，思想上存在产权保守、产权固

---

① 张文魁.让·梯若尔的理论对国企改革的启示[N].中国经济时报,2014-12-26(A05).

化的定式,大家普遍有一种"肥水不流外人田"的心态[①],导致国有资产的流动性低、公司治理模式的封闭以及阻隔了外部资金进入的严重问题出现。直到现在,尽管我国国有企业改革多次强调要解决以上问题,多次规划和部署新的政策以缓解国有企业效率低下和道德风险问题,但成效往往都是暂时性和缓解性的。国有企业需要在市场中平等竞争和优胜劣汰,国有资本需要在市场份额中灵活进出,实现最大价值,这对我国来说是一项长期任务。只有打破思想上的桎梏,以新的眼光看待和运用国有资本,以不同时期的发展战略需求为依据进行合理科学的投资,以开放包容的胸襟引入各类资本,让国有资本走出去,让私人资本和外来资本走进来,才能真正促进国有企业发展。

(二)国有企业公司法人治理方面

新加坡政府一直秉持"政企分离"的原则,凭着政府与淡马锡之间相互尊重和平等的关系,淡马锡在市场中的运作基本上做到了遵守新加坡公司法和其他相关法律。无论是政府对淡马锡,还是淡马锡对下属公司的管理,都不会直接干预它们的具体经营活动,而是通过法人治理结构和严格的公司法制度达到对企业高效管理的目的。在淡马锡控股公司的董事会制度中,董事会是公司治理的核心所在,董事会成员组成结构多样,且都是来自不同领域的各行业精英;董事会下设3个专门委员会;董事会与经理层分离,后者由前者聘任,且对前者负责,董事会有按时对其进行考核和监督的职能。同理,淡马锡旗下的公司治理结构也是如此。新加坡政府对国有企业公司法人治理的制度设计,既保证了政府目标和商业利益两者的最佳平衡,也实现了公司监督权和经营权的有效分离,实现了政企分开。

而我国的国有企业在公司治理结构方面则带有较强烈的政府主义色

---

① 李健. 淡马锡模式中的市场化精神及其借鉴 [J]. 企业改革与管理,2015(2):18.

彩，主观性的行政手段往往在现实运作中超过了行之有效的客观的人力资源有效管理。一方面，这是由于我国建立社会主义市场经济体制的时间还相对较短，诸多国有企业还未能接受和适应公司制的运行思路，内部常出现董事会形同虚设或董事会职权过分集中，部分领导"内定"的情况，用人的"暗箱操作"和内部人控制的现象时有存在，这部分"内定人"有可能还不具备企业领导能力，从而会导致企业内部管理不善，效率低下，影响企业的全面发展。另一方面，公司监督层与经营管理层的职权不清，越权越界的乱局也时有存在，董事会应该是决策权机构而不是全能机构，经理层应该是执行机构而不是上级或政府的附庸，经理层不能兼任董事会成员，目前我国很多国有企业内部就出现董事成员与经理层分不清，职权责的界限模糊甚至没有，公司不能按照公司法的要求严格执行，从而导致公司走向破产。因此，借鉴淡马锡经验的当务之急是重新审视我国国有企业内部监督权与经营管理权分离及委托代理问题，遵循公司治理的基本规则和公司法的基本精神，还原市场化运作。

（三）政府与国有企业的关系方面

新加坡对企业所有者、战略制定者和管理经营者的作用有着明确的划分。政府是国有企业的所有者和战略制定者，而企业本身是管理经营者，不同的身份有着不同的权责，互不插手，明确分工。就淡马锡而言，政府放开手让其按市场化和商业化原则运作并对其股东负责，向股东分红。同时，其主管部门会不定期地审查淡马锡经营状况，监督淡马锡和经营者的绩效，国会议员对淡马锡的经营状况随时都可以提出质询；任命谙熟专业知识的董事，并赋予他们战略制定权和决策权；企业职工的招聘、晋升和工资的管理与政府部门的管理办法完全脱钩，均由淡马锡自行确定。这使得淡马锡虽然是财政部全资拥有的控股公司，但经营理念和建立目的可以是纯粹地追求商业回报。他们认为，投资就是为了回报率，政府有权获得相应的回报，但淡马锡的存在并不完全是为政府服务，"如果有政策使命要我们去做，但是没有钱赚，我们不会主动去做"①。因此，秉承着市场化和商业原则的要求，无论是政府对淡马锡还是淡马锡对下属的淡联企业，都采取"放羊式"的管理，自主经营，自负盈亏。

三、淡马锡模式对中国国有企业深化改革的启示

新加坡与中国的国有企业改革之路都是在其政府的严格掌控中展开的，两国的国有企业在改革发展中所遇到的问题和困境也曾基本相同，当然，在改革的程度和速度上存在着一定的差异，这既与两国的政党政治和两国国情的差异有关，也与改革者的理性选择有一定关系。新加坡推进国企改革的时间要比中国更早，速度更快，改革的力度更大，基本克服和同化了各种既得利益群体对改革的抵制，也建成了高度市场化和较为民主的法治社会。中国由于体系庞大且传统的结构更加稳固，政治经济改革启动得较晚，路径依赖严重，因而国有企业改革的难度更大。另外，从国家治理方式上看，新加坡与中国都保持着一种"强国家"的治理模式，但与中国相比，新加坡不但在市场经济发展的早期，政府对市场的干预就少于中国，而且随着市场化的程度不断提高，政府也在更大程度上退出了市场，使国有企业在市场竞争中的自主化程度变高，政府主要是在宏观上维护市场运作的秩序；而中国是在实行了完全的社会主义体制后进行改革开放的，中国的国企改革也是依靠不断推进企业发展市场化、放开企业发展的自主权来实现改革目标，但中国市场化的速度显然要慢于新加坡，国有企业市场化的程度也较低，一部分是因为"强国家"的治理模式已经并且将要在很长时间里得到延续。国有企业进一步的市场化是当前实现国有企业发展自主权的重要举措之一。

---

① 莫少昆，余继业.解读淡马锡：从0.7亿到1000亿市值的传奇故事[M].福州：鹭江出版社，2008：165.

（一）国有资产管理层面

从国有资产的投资管理层面来说，一是建议借鉴参考新加坡的威权政府如何治理国有资产，二是建议借鉴参考淡马锡和下属淡联企业的内部管理机制。我们知道，新加坡的国有企业分为竞争性企业和非竞争性企业两大类。对非竞争性企业，分别设置了六大法定机构进行对国有企业中国有资产的监管，依据专门的法律法规，并按照法律规定再制定企业各自的规章制度；对竞争型企业，则按照《公司法》对淡马锡为首的五大控股公司进行管理，控股公司再按照一般的商业化原则对下属企业进行经营和管理。可见，新加坡对国有资产的管理实现了国家行政机构与国有资产的一一对应关系。中国国务院国有资产监督管理委员会（国资委）的成立是试图实现这种关系的一种尝试，进一步实现还需要中国从以下几方面加以突破：第一，继续以组建机构为基点，同时建立健全相关的机构规章，落实机构或企业的责任，做到责权统一，保证我国国有资产管理体系中的各个层次都职权清晰，责任明晰，且依法履行职责到位和不越位；第二，以国有大型企业股份制改革为突破口，建立适应现代企业制度的公司法人治理结构，严格按照《公司法》的规定，既加强管理又不干涉企业发展应有的自主权力，还企业一个正常生产经营的市场环境，推进国有经济企业的良好发展；第三，"以建立现代产权制度为核心，规范国有企业改制和产权转让"[①]。

（二）建立投资控股公司层面

如淡马锡，以国有投资控股公司的形式为平台，新加坡政府要求淡马锡作为代表行使出资人的权利，这在企业管理上巧妙地隔离开了经营者

[①] 莫少昆，余继业. 解读淡马锡：从 0.7 亿到 1000 亿市值的传奇故事 [M]. 福州：鹭江出版社，2008：169.

职能与股东职能，使政府干预企业时不容易造成职权的越界和滥用。我国当前在政府与国有企业的关系方面处理得不是很清晰，包括由于没有中间隔离，政府有些部门或官员借公共权力为国有企业谋取不正当的竞争优势，对非国有企业的发展形成排挤，市场正常的竞争环境被破坏，国有企业的发展自主权被剥夺，造成政企不分，国有经济无活力的局面。因此，建立"政府—国有投资控股公司（即国有资本运营公司）—国有企业"的三级结构模式十分必要，政府应充分尊重投资控股公司的独立性和自主性，一方面保障投资控股公司作为中间层隔离政府对国有企业的直接干预；另一方面充分利用这一中间层的优势，授权投资控股公司行使政府作为股东的出资人权利，以及享受投资控股公司为其带来的股东利益。同时，政府要明确自己的身份，对投资控股公司做到不干预经营活动，不介入具体经营事务，真正成为一个"无为而治"的投资人。

另外，作为投资控股公司，淡马锡与下属子公司的合理关系也是我国需要借鉴的重要部分。淡马锡恪守商业主体的身份与职责，以获取效益最大化为目的，坚持以市场化的经营理念和投资决策对外进行投资，同时保障下属子公司可以有一个相同的运作系统。充分尊重下属子公司发展的独立性和自主性，对子公司的经营活动做到适当的指导监督和政策扶持，但绝对不会插手干涉或包揽代替，始终保持与下属子公司的"一臂之距"[①]，但又使其脱离不了母公司的掌控。

（三）完善现代企业公司治理层面

现代企业的公司治理方面最突出的一个特点就是对股东或利益相关者与经营者之间的严格区分。主要包括股东大会的作用，董事会制度，薪酬制度和激励机制等，其核心内容就是董事会制度。世界知名百年老店经

---

① 邹允祥.新加坡淡马锡管理经验及对改进国有企业管理的启示[J].江苏建材，2013（1）：53.

久不衰的一个重要原因也是很早就尝试所有权与经营权分开。① 现代企业能否实现良好的公司治理，关键在于董事会成员与职业经理人的权责区分，即股东或资本所有者与经营者之间的角色区分。淡马锡一直强调自身是一个企业，而不是政府机构，是市场中的一个普通的法人团体，而不是代表政府或相关部门的管理者。政府对淡马锡的管理一直也仅限于派驻董事、干预重大事项决策，淡马锡只需按时向财政部上缴股东应得的利益，其他日常的经营活动则有完全的自主权。而我国国有企业历来存在董事会与经营管理层职权范围不清晰的问题，企业的决策权与执行权不分，也没有明确的权责分配，真正的公司治理体系建立不起来。因此，借鉴淡马锡模式中的董事会制度建设，有望解决我国长久以来的权责不明的缺陷，规范董事会制度，让国资委真正履行出资人角色，并有精力把此角色做好，而同时国有企业也将拥有更大的发展自主权，企业的董事会也将拥有招聘、选择、考核和解雇职业经理人的自主权力。同时，在现代企业的公司治理体系中，经理人市场的存在和发展也是决定企业所有权与经营权分离的一项重要的因素，它是国有企业实行权责分明的必然结果。从宏观上看，经理人市场是市场经济发展过程中必然出现的环节，也是市场竞争的必然产物；微观上来说，经理人的出现是企业完善公司治理体系的客观要求和前提条件。建立职业经理人市场对完善我国的国有企业公司治理以及实现现代企业制度都具有十分重要的意义。逐步实现国资委的出资人角色，董事会的受委托角色，职业经理人管理团队的执行者角色，做到国有企业各方面的权责明晰到位，履行职权不越位，形成良好的现代企业公司治理体系。这些目标的实现令人期待，然而，任何先进的模式都不能保证企业从此再无后顾之忧，只有看清现实状况，并随时做出科学合理的调整，与时俱进，才有可能彻底避免国有企业发展的倒退和"破产"闹剧的上演。

---

① 张静，陈美燕.新加坡"淡马锡"经营模式对国企改革的启示 [J].特区经济，2006（9）：354.

第四节　新加坡淡马锡考察研究的启示

党的十九届四中全会做出了坚持和完善中国特色社会主义制度、推进国家治理体系和治理能力现代化的决定。完善中国特色现代企业制度，是坚持和完善中国特色社会主义制度的重要内容；健全国有企业公司法人治理结构，是推进国家治理体系和治理能力现代化的题中之义。构建系统完备、科学规范、运行有效的制度体系，把制度优势更好地转化为企业治理效能，是我国国有企业改革的重要任务。

近50年里，淡马锡资产净值增长近千倍，复合年化股东总回报率为15%。作为一个单一国有股东的企业能够取得这样的成就，在世界范围内极为罕见。笔者结合长期对淡马锡的研究和考察学习认为，淡马锡在坚持政企分开、明确功能定位、强化多元化决策、坚持投资收益最大化方面有深入探索，形成了协调运转、有效制衡的公司法人治理结构，对我国国有企业尤其是中央企业完善公司治理结构有一定启发意义。

一、坚持政企分开，清晰对国有企业授权边界

（一）新加坡政府和淡马锡的"一臂之距"

政府和企业的关系是国有企业管理的世界性难题。新加坡国有企业也经历过政企不分的阶段，后来新加坡以淡马锡为核心进行了政企分开的改革，改革关键是政府和企业保持恰当距离，这个距离被称为"一臂之距"。

首先，政府对淡马锡的管控通过法律来实现。淡马锡是根据新加坡宪法而成立的一家机构，有特定的宪法条款保护淡马锡积累的储备金。其次，政府对淡马锡的管理有着清晰的链条。淡马锡的股权结构非常简单，

新加坡财政部对淡马锡实行专管，切断了其他政府部门对淡马锡可能的干扰。最后，财政部对淡马锡的管控是清单式的股东行为，除确定淡马锡董事会成员和总裁，审查淡马锡的业绩表现外，其余权力基本上授予了董事会。

（二）清晰授权、政企分开是深化我国国有企业改革的重点

在世界范围内，政企不分是国有企业管理中的通病。淡马锡执行董事兼CEO何晶认为："政府一开始就让淡马锡独立运作，政府不干涉企业的专业化经营和经营策略的制定，是新加坡国有经济成功的关键。世界上很多企业之所以失败，是因为它们无法成功地理清控股责任和管理责任之间的关系。"同样，中国国有企业70年的发展历史中，如何更好地处理好政府和企业的关系一直是困扰国有企业发展的难题之一。

党的十八大以来，党中央、国务院相继发布了《关于全面深化改革若干重大问题的决定》《关于深化国有企业改革的指导意见》《关于改革和完善国有资产管理体制的若干意见》《改革国有资本授权经营体制方案》等文件，都要求依法理顺政府与国有企业的出资关系，促使国有企业真正成为依法自主经营、自负盈亏、自担风险、自我约束、自我发展的独立市场主体。可以说，政企分开、政资分开是国有企业深化改革的关键之一。新加坡对淡马锡的清单式、法律式管理，对我们有启发意义。政企分开、政资分开的关键并不是彻底断开政府和企业的关系，而是明确出资关系、委托代理关系、授权边界等，确立国有企业的市场主体地位，最大限度降低政府对市场运行的直接干预。贯彻落实十九届四中全会的要求，当前需要重点考虑将权责关系的基本原则转化为可操作细则，通过法律、章程或者清单明确权力边界。

二、做实多元化董事会，实现权力制衡

（一）淡马锡董事会有着实实在在的权力

淡马锡公司治理的关键是做实董事会。淡马锡的董事会成员和总经理由提名委员会向新加坡财政部提名，由财政部向总统提名，最后由总统批准。淡马锡董事会拥有实权体现在三个方面：一是淡马锡董事会在重大事项上有着实实在在的决定权，包括治理、对股东负责、制定长远战略、选择经理层、通过股东大会对投资公司行使股东权力。二是淡马锡董事组成多元，董事来源于政府官员、下属企业领袖和社会商业人士，且独立董事或者外部董事占绝对多数席位，相当一部分是来自新加坡之外的跨国公司领袖。这种设计是对西方公司治理结构的重大突破，淡马锡董事会并非股权或者产权决定的，本质是治理多元化而不是股权多元化。三是董事会的多元化体现在权力分配和制衡。不同董事角色有着制衡细则：董事长和总裁由不同人担任；董事长和副董事长只能来自独立董事，不可来自股东董事和执行董事；董事长和副董事长不能加入审计委员会；董事长担任领袖与薪酬委员会主席；执行董事仅一人且需兼任淡马锡总裁；总裁不能加入审计委员会；股东董事不能参与领袖培育与薪酬委员会；董事长在投票出现平局时有二次投票权或者决定性投票权。这些复杂的制度设计，形成了制衡甚至监督。和西方国家大不相同的是，淡马锡董事会董事没有一分钱的股权，做实董事会的关键并不是通过股权多元化或管理层持股，而是通过多元的董事实现治理的多元化。整体来看，淡马锡董事会虽无产权股权但是经政府授权而有实权，是一个多元的组成，运作中形成了明显的权力制衡，和经理层权力边界非常清晰。这是最值得我国国有企业董事会建设学习借鉴的方面。

（二）董事会建设的关键是多元化治理

从世界范围来看，公司治理尤其是董事会建设的实践是多样的。可以看到，英美式、德式、日式、新式董事会各不相同。我国国有企业完善公司治理结构到了新的阶段，形式已经不再成为问题，关键是发挥实效。建立董事会就要有授权，或大或小都需要坚决清晰地授权，董事会的科学决策一方面取决于董事的多元组成，另一方面取决于董事会的有效制衡。当前需要继续解决"内部人控制"、外部董事难以发挥作用的问题。国有企业管理，就是党和人民把国有资产交给企业领导人员经营管理。党委成员也好，董事也好，经理层也好，本质上都是党派来的干部。一股独大但不能个别人说了算，关键并不是股权多元化而是治理的多元化，这是民主集中制的本质体现。国有企业或中央企业在落实国有企业功能界定和分类基础上做实董事会，首先要优化董事组成，如果还无法全球选择，至少要全党选择、全国选择。其次要赋予董事会权力，让董事会可以在授权范围内自主决定，要把董事长和总经理权力边界分清楚。最后要完善董事会各专业委员会并授予其实实在在的权力，使其能够负起应有的责任。

三、坚持"管资本"，推动国有企业市场化商业化运作

（一）商业化运作的投资收益和资本回报是检验国有企业改革发展成效的有效清晰的标准

淡马锡在世界上引以为傲的是其40多年来较高的投资回报。淡马锡成立之初就把商业化运作和投资收益最大化作为基本目标，虽然在早期要兼顾更多社会责任，但在近年来已经彻底转型成为一家投资企业。淡马锡提出的转型中的经济体、增长中的中产阶级、显著的比较优势、新兴的龙头企业等四大投资主题，和以寿命延长、财富增加、可持续生活方式、智能系统、共享经济、世界互联互通等六大趋势为依据的投资策略，对国有

企业尤其是中央企业有着很强的借鉴意义。这就值得我们深思，国有企业改革发展如何坚持遵循市场经济规律和企业发展规律，不断提升资本配置效率，强化"管资本"改革。

（二）市场化、商业化是推动国有资本合理流动优化配置的基础

2015年中共中央、国务院《关于深化国有企业改革的指导意见》指出：坚持权利、义务、责任相统一，坚持激励机制和约束机制相结合，促使国有企业真正成为依法自主经营、自负盈亏、自担风险、自我约束、自我发展的独立市场主体。这既是社会主义市场经济改革的要求，也是深化国有企业改革发展的规律。市场主体把投资收益和资本回报视为根本目标，国有企业不能例外。"管资本"是通过市场化、商业化的方式实现战略目标。当前需要在国有企业功能定位和分类改革的基础上强化市场化、商业化运作。在实际中，公共利益、公共服务、国家战略和国有企业效益本质上并无矛盾。只有坚持市场化、商业化运作，把投资收益和资本回报放在主要位置，才能形成对商业类国有企业的清晰授权，完善激励约束机制，让国有企业尤其是商业类国有企业走向市场。国有资本投资运营公司的战略任务就是优化国有资本重点投资方向和领域，调整国有资本向关系国家安全、国民经济命脉和国计民生的关键领域、重要行业、重点基础设施集中，向前瞻性战略产业集中，向具有核心竞争力的优势企业集中。当前，国有企业对资本控制力理解不深、运用不熟，国有资本过多沉淀在传统行业甚至庞大的产能之中，国有资本流动的灵活性不足，在一些新兴的重要行业重要领域竞争力、创新力、控制力、影响力、抗风险能力明显不足，在前瞻性战略性产业的投资上缺乏主动性和冒险精神。破解这些问题，需要以商业化、市场化的思维和方式，把握社会发展趋势、全球发展机遇。

四、坚持实事求是，不断深化国有企业改革

（一）国有企业治理是国家治理体系的重要内容

从世界范围来看，企业治理是国家治理的组成部分，企业治理水平和国家治理环境息息相关。2019年10月9日，世界经济论坛发布的《全球竞争力报告》，对全球141个经济体进行竞争力综合评价，新加坡跃居第一名，其优秀的国家制度设计和治理能力、行之有效的创办企业的方法是关键成功因素。可以清楚地看到，西方发达国家企业治理的完善和西方国家治理的发展呈现出正相关，新加坡淡马锡等国有企业较高的管理水平建立在新加坡整体较高水平的治理基础之上。也可以看到，发展中国家企业治理出现的种种问题，都和其国家治理水平有着直接的联系。中华人民共和国成立70多年来，中国共产党领导人民创造了世所罕见的经济快速发展奇迹和社会长期稳定奇迹，中华民族迎来了从站起来、富起来到强起来的伟大飞跃，充分证明中国特色社会主义制度和国家治理体系是具有强大生命力和巨大优越性的。我们坚信在这个体系之内的中国国有企业必然能够完善中国特色现代企业制度、完善公司治理结构。党的十九届四中全会做出了坚持和完善中国特色社会主义制度、推进国家治理体系和治理能力现代化若干重大问题的决定，国有企业需要构建系统完备、科学规范、运行有效的制度体系，把制度优势更好地转化为企业治理效能。

（二）国有企业改革发展必须立足中国实际

淡马锡以投资收益最大化为根本目的，在实现全球布局之后，其运作完全遵循市场化、商业运作规则。中国国有企业功能定位的复杂性远非淡马锡可以比拟。也就是说，淡马锡的发展经验，部分国有企业可以全面借鉴，部分国有企业只能局部借鉴，还有的方法和策略根本难以借鉴。曾任国资委党委书记、主任的郝鹏指出，"国有企业已经进入了资产资本化、

股权多元化的发展阶段，对国有独资、全资企业的管理模式已经不适用于国有控股、参股企业，对境内国有企业的管理模式也已经不适用于'走出去'的国有企业"。可以说，中国庞大的国有资产和多样的国有企业，改革并非处在同一条起跑线上，有的企业处在1.0阶段，有的处在2.0阶段，有的可能到了3.0阶段，一个尺子、一个标准肯定解决不了所有问题，不能指望一个模式就能解决中国国有企业的所有问题。必须结合中国国有企业实际，坚持政企分开、统一监管的基本原则，把握国有企业功能界定和分类，遵循功能定位、目标导向的基本规律，实事求是地推进改革。

（三）中国国有企业必须把握协调制衡的公司治理本质

必须看到，世界范围内主要国家的公司的董事会运作实质有着显著差异，淡马锡的董事会和欧美德日等国家企业的董事会有着显著差异，甚至可以说淡马锡董事会是对产权理论、股份制的突破。淡马锡有关人士认为，其董事会是委托少数几个人去指挥千军万马，关键是实现授权与问责的平衡、实现董事会和经理层各司其职。要从不同形式背后看到本质：大型企业的治理是权力分配，是形成协调运转、有效制衡的体制机制。中国国有企业董事会建设必须从这个本质出发，分析不同董事会模式的本质，分析公司治理的本质。具体来说，西方国有企业中没有党组织，我国国有企业中党组织要发挥领导作用，"把方向、管大局、保落实"，依照规定讨论和决定企业重大事项，在这种情况下，哪一种董事会模式都不能直接套用。国有企业管理，就是党和人民把国有资产委托企业领导人员经营管理。有委托就要有信任，但信任不能没有监督；有授权就要有权力清单和边界，权力不能没有监督，权力不能导向"关键少数"独断专行，要通过建立健全和强化企业管理中的"明规则"，让"潜规则"失去存在的土壤。因此，国有企业的治理本质是"一股独大"根本约束下寻求实现治理制衡化、决策多元化，或者是坚持民主集中制原则，探索建设董事会并发挥董事会的作用，探索党组织融入公司治理。

淡马锡在很多方面值得中国国有企业借鉴，但其对我们最大的启发或许还是透过现象把握本质，按照习近平总书记对国有企业"完善治理，强化激励，突出主业，提高效率"的总体要求，实事求是寻求解决实际问题的灵丹妙药。

第三章　近年加快盘活存量资产的重点梳理

第一节　盘活存量资产重点方向

2022年5月25日，国务院办公厅发布《关于进一步盘活存量资产扩大有效投资的意见》（以下简称《意见》），提出要统筹盘活存量和改扩建有机结合的项目资产，包括综合交通枢纽改造、工业企业退城进园等。引导支持基础设施存量资产多、建设任务重、负债率较高的国有企业，把盘活存量资产作为国有资产保值增值及防范债务风险、筹集建设资金、优化资产结构的重要手段，选择适合的存量资产，采取多种方式予以盘活。进一步提高推荐、审核效率，鼓励更多符合条件的基础设施REITs项目发行上市。鼓励具备长期稳定经营性收益的存量项目采用PPP模式盘活存量资产，提升运营效率和服务水平。

一、重点领域

一是重点盘活存量规模较大、当前收益较好或增长潜力较大的基础设施项目资产,包括交通、水利、清洁能源、保障性租赁住房、水电气热等市政设施、生态环保、产业园区、仓储物流、旅游、新型基础设施等;二是统筹盘活存量和改扩建有机结合的项目资产,包括综合交通枢纽改造、工业企业退城进园等;三是有序盘活长期闲置但具有较大开发利用价值的项目资产,包括老旧厂房、文化体育场馆和闲置土地等,以及国有企业开办的酒店、餐饮、疗养院等非主业资产。

(一)交通领域

对权属清晰、运营成熟稳定的收费公路、港口等项目,支持通过基础设施领域不动产投资信托基金(REITs)、资产证券化等方式进行盘活。鼓励铁路、公路、港口领域存量项目采用政府和社会资本合作模式盘活。支持交通领域企业以自主开发、转让、租赁等方式利用现有建设用地,对既有交通站场、毗邻地区及沿线资源实施土地综合开发。通过招租方式从优选择经营者盘活站场闲置房产资源,实现以商养站、商站合一。

(二)水利领域

允许参与水利开发利用的市场主体依法享有水资源利用优先权,在生态环境保护政策允许范围内从事农业、文旅、康养等产业开发。对具有经营性收入或水生态产品价值的水利水电资产,通过拓展经营、整合重组等方式提升资产效益和综合盈利水平。河库疏浚、抽水蓄能电站等工程建设产生的砂石,经有管辖权的水行政主管部门批准后,由市、县(市、区)政府按权限统一处置,重点用于基础设施建设和民生工程。推行水源、水处理、供水一体规划经营,大力开发高附加值水资源系列产品。研究组建省级水务投资公司,整合水利有效存量资产,为国内各类重大水利水电工程建设提供融资支持。

（三）市政领域

以兼并重组、资产划转、联合整合等方式，将分属不同项目单位的同类型资产权属划转到同一原始权益人，积极通过 REITs、资产证券化等方式盘活。将具备长期稳定经营收益、使用者付费比例高的污水垃圾处理、供水供热供气等资产，支持通过转让—运营—移交（TOT）、改建—运营—移交（ROT）、委托运营、股权合作等方式，引入战略投资方和专业运营管理机构，提升存量资产项目的运营管理能力。鼓励新建项目建设和存量项目管理、运维打包，引入行业龙头企业统一规划建设运营。通过提升品质、精准定位、完善用途等，引导社会资本参与老旧小区配套公共服务设施提升建设及后期运营管理。支持专业运营机构参与盘活改造城市低效商务楼宇，嵌入更多新业态、新元素，打造城市创新创业新空间。统筹推进闲置低效国有住宅改造用于保障性租赁住房。

（四）能源与生态环保领域

支持存量可再生能源项目单位与各类银行金融机构通过补贴确权贷款合作等方式，提升存量项目现金流。将战略性、枢纽性较强但尚未充分利用的码头、货场改建为煤炭储备建设项目，灵活采取转让、出租储备场地经营权、收费权等方式进行盘活。推进生态环境导向的开发模式（EOD）试点，采取产业链延伸、联合经营、组合开发等模式，提高存量资产整体收益。

（五）新型基础设施领域

鼓励数据中心、第五代移动通信技术（5G）网络、人工智能、宽带网络等新型基础设施 REITs 项目发行上市，积极探索通过 PPP 模式盘活存量。对"老旧小散"数据中心实施改造升级，加快应用高密度、高效率的 IT 设备和基础设施系统，推进小散数据中心迁移或整合，提高"老旧小散"数据中心的能源利用效率和算力供给能力。支持采用削峰填谷应用等节能技术方式改造数据中心。

（六）仓储物流领域

推动枢纽和园区发展专业化、社会化物流信息平台，对闲置资产实施信息化、技术化改造。探索以大型龙头企业托管、代管的方式，整合存量设施资源，有序盘活老旧仓储设施。支持依托散旧冷库，改扩建一批产地库、气调库等冷链物流设施，在推动设施集约集聚发展的基础上，强化资产运营管理，促进农产品批发市场、冷链物流园区等提档升级。

（七）文化体育旅游等领域

支持城市空闲地、边角地、公园绿地、城市路桥附属用地、厂房、建筑屋顶等空间资源以及可复合利用的城市养老、教育、商业等其他设施资源，兼容文化、旅游、体育等其他用途。鼓励利用公共服务设施、闲置校舍、闲置办公场所等资源，以委托或购买服务方式举办非营利性托育机构。强化"旅游+""+旅游"方式，推进存量资产项目与新型工业化、新型城镇化、农业现代化融合发展，提升项目营收能力。

（八）产业园区

聚焦园区产业业态全面整治提升，深化拓展亩均效益评价，用好"亩均英雄贷"，支持收购亩均效益水平低、高能耗高排放的低效企业及闲置厂房，推进园区提质增效与完善配套公共服务整合、"工业+科研"结合。积极支持园区研发平台、工业厂房、创业孵化器等通过 REITs 等方式盘活。引导企业采用融资租赁方式盘活设备等存量资产。

(九) 低效土地

对纳入工业低效土地处置清单，且符合规划要求、产权关系清晰、无债务纠纷等具备转让条件的土地，实施项目嫁接，引导进入土地二级市场，转让全部或部分建设用地使用权。支持工业项目利用地下空间建设仓储、停车场及生活配套设施等，鼓励新型产业社区和按照工业用地管理的研发类项目建设一层以上的地下空间，地下空间建设用地使用权划拨、出让、租赁、作价出资（入股）等，参照地表建设用地使用权资产配置相关规定执行。

二、重点区域

第一，推动建设任务重、投资需求强、存量规模大、资产质量好的地区，积极盘活存量资产，筹集建设资金，支持新项目建设，牢牢守住风险底线。

第二，推动地方政府债务率较高、财政收支平衡压力较大的地区，加快盘活存量资产，稳妥化解地方政府债务风险，提升财政可持续能力，合理支持新项目建设。

第三，围绕落实京津冀协同发展、长江经济带发展、粤港澳大湾区建设、长三角一体化发展、黄河流域生态保护和高质量发展等区域重大战略及推动海南自由贸易港建设等，鼓励相关地区率先加大存量资产盘活力度，充分发挥示范带动作用。

三、重点企业

《意见》强调，盘活存量资产对参与的各类市场主体一视同仁。引导支持基础设施存量资产多、建设任务重、负债率较高的国有企业，把盘活存量资产作为国有资产保值增值及防范债务风险、筹集建设资金、优化资产结构的重要手段，选择适合的存量资产，采取多种方式予以盘活。

鼓励民营企业根据实际情况，参与盘活国有存量资产，积极盘活自身存量资产，将回收资金用于再投资，降低企业经营风险，促进持续健康发展。

第二节　盘活存量资产主要任务

一、全面清查资产

各地、各有关部门要结合地方政府融资平台优化升级工作，在前期摸排国有资产（资源）底数的基础下，严格按照资产的权属，对存量资产进行全面调查摸底，确保"底数清、无死角"。重点清查资产现状、资产权属、资产价值、债权债务、盈利能力等基本情况，并对项目资产的立项、规划、用地、环评、施工许可、产权登记等手续的合法合规性进行全面摸底核实。

二、建立资产台账

各地、各有关部门要在全面摸清存量资产底数的基础上，积极筛选具备一定盘活条件的存量项目，按照附表格式分地区、分领域建立存量资产台账。省发展改革委汇总各地、各有关部门筛选出的具备盘活条件的项目，建立全省盘活存量资产台账，实行动态管理。

三、制定行动方案

各地、各有关部门要对照本地区、本部门盘活存量资产台账，系统制定各地区、各部门存量资产盘活行动方案。行动方案包括但不局限于工作目标、盘活内容、盘活方法、保障措施、投资方向、风险防控举措、存量资产盘活清单等，并逐一明确资产权属、盘活方式、盘活时限、预计盘活价值等。

四、落实盘活条件

各地、各有关部门依托现有的重大项目突出问题协调解决长效机制，对项目前期工作手续不齐全的项目，按规定加快补办相关手续，加快履行竣工验收等程序；对需要明确收费标准的项目，要加快项目收费标准核定，完善公共服务和公共产品价格动态调整机制；对产权不明晰的项目，依法依规理顺产权关系，完成产权界定，加快办理相关产权登记；对确需调整相关规划或土地用途的项目，推动有关方面充分开展规划实施评估，依法依规履行相关程序，创造条件积极予以支持。对整体收益水平较低的项目，指导开展资产重组，通过将准公益性、经营性项目打包等方式，提升资产吸引力。

五、有序盘活整合

各地、各有关部门要对照存量资产摸底台账，根据项目实际情况，灵活采取不同方式进行盘活。对交通、能源、市政、生态环保、仓储物流、产业园区、新型基础设施、保障性租赁住房（保租房）等重点领域，通过资产证券化等市场化方式盘活存量资产，鼓励更多符合条件的基础设施REITs项目发行上市。对收费公路、污水处理、垃圾处理、供水、标准化厂房、停车场等具备长期稳定经营性收益的存量项目，鼓励采用PPP模式盘活存量资产。支持国有企业按规定通过进场交易、协议转让、无偿划转、资产置换、联合整合等方式，盘活长期闲置的存量资产，整合非主业资产，提高资产运营管理效率。支持地方资产管理公司通过不良资产收购处置、实质性重组、市场化债转股等方式盘活闲置低效资产。吸引社会资本参与盘活城市老旧资产资源特别是老旧小区改造等，通过精准定位、提升品质、完善用途等进一步丰富存量资产功能、提升资产效益。因地制宜积极探索污水处理厂下沉、交通枢纽地上地下空间综合开发、保障性租赁住房小区经营性公共服务空间开发等模式，有效盘活既有枢纽场站及周边可开发土地等资产。(省发展改革委、省财政厅、省住房城乡建设厅、省交通运输厅、省水利厅、省文化和旅游厅、省国资委、省金融监管局、省管局等有关部门按职责分工负责)

六、扩大有效投资

各地、各有关部门要引导做好盘活存量资产回收资金使用,确保符合预算管理、国有资产监督管理等有关政策要求。要加强跟踪监督,定期调度回收资金用于重点领域项目建设、形成实物工作量等情况,推动尽快形成有效投资。对回收资金拟投入的新项目,要加快推进项目审批核准备案、规划选址、用地用林、环境影响评价、施工许可等前期工作,促进项目尽快开工建设,尽早发挥回收资金效益。对使用回收资金建设的投资项目,在安排中央和省级预算内投资时,可在同等条件下给予优先支持;并对符合地方政府专项债券条件的,在项目申报上积极予以支持。

第四章 优化存量资产盘活方式

第一节 稳步推动不动产投资信托基金（REITs）健康发展

投资作为拉动经济增长的三驾马车之一，是兼顾扩大短期需求与优化中长期供给结构的关键变量。在国内经济面临需求收缩、供给冲击和预期转弱的三重压力之下，扩大有效投资特别是增量新型基础设施投资对经济起着重要支撑作用。2022年5月19日，国务院办公厅发布了《关于进一步盘活存量资产扩大有效投资的意见》，明确盘活存量资产的重点领域、重点区域及重点企业，并强调要推动基础设施领域不动产投资信托基金（REITs）健康发展。这表明不动产投资信托基金作为现代金融政策工具，对稳定经济增长、提升投资效能具有越来越重要的意义。

一、国内不动产投资信托基金试点进程与基本特征

不动产投资信托基金是国际上通用的不动产证券化重要融资渠道。

REITs 运用发行权益投资证券的手段募集资金，本质是一种"股性+债性"的金融政策工具。国内资本市场对 REITs 的发行一直持审慎态度，但各类 REITs 近年来已开展试点工作，如租赁住房类、物业类 REITs 等陆续在国内资本市场亮相。为充分激发金融服务实体经济的新动能，公募 REITs 的综合功能得到重视，相关产品试点发行进程加速，产品规模逐步扩大。当前，国内基础设施投资早已形成了规模相当的资产存量，但基础设施领域也出现了因大量投入带来的资金沉淀问题。基础设施建设往往投资收益周期长、回报率低，难以匹配投资建设的成本运营，容易造成地方债务风险不断加大，如何将这些沉淀的资金与资产有效盘活，一直是困扰地方政府和投资平台的难题。作为创新的金融政策工具，REITs 的长周期、低成本投资功能可以加速沉淀资金资产有效流转，拓宽新型资金来源渠道，为新型基础设施建设的良性发展"造血"，并有助于改善企业资产负债结构，进而降低实体经济"高杠杆"。

2020 年 4 月 30 日，中国证监会与国家发改委联合发布《关于推进基础设施领域不动产投资信托基金（REITs）试点相关工作的通知》，同步出台配套指引，以公募契约型 REITs 为重要抓手，正式推进基础设施领域 REITs 试点工作，包括高速公路、新型能源、仓储物流、产业园区、新型基建、保障性租赁住房等热门基础设施领域。其中，保障性租赁住房是公募 REITs 试点的重要领域。通过纳入租赁住房，推动未来保障性租赁住房 REITs 落地，有利于建立租赁住房"募、投、管、退"的业务链条，引导社会投资，促进金融供给侧结构性改革，发挥出金融服务实体经济的更大价值。截至 2022 年 5 月底，我国已有 12 项公募 REITs 成功上市，其中 7 项 REITs 在上海证券交易所上市，5 项 REITs 在深圳证券交易所上市。首批基础设施领域 REITs 试点的行业具有补短板、创新型的特征，重点聚焦长三角、粤港澳大湾区、京津冀等我国经济蓬勃发展的区域。

二、把握金融服务创新机遇，推进 REITs 配套改革

2022年以来，一些超预期的突发因素对我国经济运行造成冲击。稳定经济大盘，必须发挥新型基础设施投资的关键作用，因而加快建立多层次基础设施 REITs 市场被提上重要议程。以江苏省为例，《江苏省国民经济和社会发展第十四个五年规划和二〇三五年远景目标纲要》就明确要求加快构建新型基础设施体系。江苏是实体经济大省，以"新基建"为重要突破口，提升金融服务实体经济的效能，必须加大金融领域的创新政策支持，全方位对接 REITs 的项目要求，在建立多层次基础设施 REITs 市场上展现新的担当，为整体降低新型基础设施与实体经济的投融资成本提供保障。

过去，地方政府在园区建设中发挥主导作用，多是通过做大做强优势制造、供应链与产业链，壮大产业集群效应，带动基础设施建设发展。地方政府承载实际基础设施建设功能，为解决资金来源及实现平衡问题，基本是通过发行地方债券、公司债券、企业债券等融资渠道，来获取资金投入基础设施建设，但因产品运行周期偏短、投资回报率低等问题，投融资成本居高不下，无形中加重了政府债务负担。用好债权和股权投资搭配基础设施 REITs 这一金融政策工具，在提高资金管理水平和风险控制水平的前提下，可以整体降低新基建与产业升级的投融资成本，进一步提升众多园区的能级及企业的核心竞争力。

按照国家稳步推进 REITs 试点工作的部署，自去年以来，江苏多个设区市发布了推进基础设施 REITs 产业发展的若干措施与指导意见，加快项目推荐入库进程。在南京，江北新区孵鹰大厦、鼓楼区联创大厦、建邺区国际研发总部园、新工集团产业园及江宁区物流仓储共计 5 个 REITs 项目已经列入国家试点项目库；在无锡，无锡地铁、太湖城、水务等优质国有企业陆续踏上 REITs 业务征程；在苏州，工业园区封闭式基础设施证券投资基金公募 REITs 已经上市，这是江苏首个公募 REITs。从以上江苏

推进的项目来看，政府平台主导的产业园区类公募 REITs 普遍受到重视，且重点由国有企业作为承接主体。产业园区的企业集聚度高，产业链相对完备，在新的政策支持下，通过发行公募 REITs，有利于规划和管理平台载体，可以有效缓解开发资金成本高等问题。

三、优化政策与制度安排，促进公募 REITs 健康发展

从国内 REITs 试点进程来看，公募 REITs 为推动供给侧结构性改革提供了重要政策工具。但总体来说，REITs 市场的发展壮大还需要解决一些共性问题。首先，从国际上通行、通用的机制规则来看，国内 REITs 的法律定位不清晰，其运行缺乏对应的法律条款，在估值、认购、托管、管理、发行、上市、销售及信息披露等重要环节，亟须相应的制度化安排。其次，在现有 REITs 产品的构成中，对商业不动产的证券化问题重视不够，庞大的酒店、商场、写字楼等商业不动产经营未被纳入，公募 REITs 也急需扩容空间。最后，上海、深圳两大交易所是现有公募 REITs 交易地，银行间市场等"蓝海区域"尚未开启，二者需要打通。此外，现有的 REITs 产品结构复杂，涉及主体较多，REITs 的运营管理机构、基金管理人、计划管理人、财务顾问、评估机构等之间的权责尚需厘清。

推动公募 REITs 健康发展，盘活存量资产，扩大有效投资，需要通过建立稳定、成熟的发行与监管体系，让市场认知并积极接纳公募 REITs 这种新型金融政策工具，更好地服务于新型基础设施投资，为实体经济注入源源不断的动能。

第一，加快开展公司型 REITs 试点，优化公募 REITs 参与主体的治理结构。公募 REITs 作为多层嵌套产品，涉及主体较多，横向的沟通、执行较为烦琐，纵向的管理、决策成本较高，必须精准实施运营优惠政策，系统性地减少其运营成本，提升投资基金的实际收益水平。

第二，积极探索将银行间市场作为公募 REITs 的上市交易主体的可

行性。可引导 QFII（合格境外机构投资者）、RQFII（人民币合格境外机构投资者）等合格境外机构投资者参与战略配售和投资，吸引国际投资者，促使金融产品发行机制与国际接轨。

第三，加强专业化人才队伍建设，建立科学的考核机制。对基础设施 REITs 的运营管理机构、基金管理人、计划管理人、财务顾问、评估机构提高资格要求，压实原始权益人、项目公司、中介机构等相关主体责任。

第四，加快解决 REITs 多头监管问题。尽快确定 REITs 唯一审核、制定规则的主体，实施信息披露规则统一，推动整体业务流程与法律责任全覆盖，进一步规范地方政府的发行与奖励政策，在项目申报和审查中对国资、外资、民资等所有制权益人实行无差别待遇，促进 REITs 项目的健康发展。

案例 1：深圳安居保障性租赁住房 REITs 项目

本项目盘活的存量资产为深圳市人才安居集团运营的安居百泉阁等 4 个保障性租赁住房项目，建筑面积合计 13.47 万平方米，项目收益主要来源于房屋租金收入。2022 年 8 月，本项目在深圳证券交易所发行基础设施 REITs，成功盘活存量资产。本项目具有以下特点。

第一，国内首批保障性租赁住房基础设施 REITs。本项目为最早公开受理并成功上市的保障性租赁住房 REITs 试点项目，为全国保障性租赁住房发行基础设施 REITs 提供了可复制的示范经验。

第二，引导带动作用强。打通了住房租赁市场的"投、融、管、退"模式闭环，引导更多市场主体参与到住房租赁市场建设中，为落实"房住不炒"和加快住房租赁市场发展提供可复制经验。原始权益人深圳市人才安居集团等建各类保障性住房占深圳市同期总量的 1/3 以上，累计服务超过 5 100 家企业、13 万名人才及家属，成为深圳市吸引人才、留住人才、服务企业的重要住房保障平台。

第三，市场认可度高。截至项目发行时的2022年8月底，本REITs网下询价倍数全国最高（133倍）、公众认购倍数全国最高（254倍）。

案例2：普洛斯物流园区REITs项目

本项目盘活的存量资产是普洛斯（中国）旗下的7个仓储物流园，建筑面积合计约70.5万平方米，资产估值合计53.46亿元。2021年6月，本项目在上海证券交易所发行基础设施REITs，成功盘活存量资产。本项目具有以下特点。

第一，资产区位好。7个仓储物流园分布于京津冀、长三角、粤港澳大湾区的核心集散地，地理位置优越，其中普洛斯北京空港物流园是2008年北京奥运会整体物流工作的重要节点和枢纽。

第二，盘活规模大。本项目的发行规模为58.35亿元，是首批产权类基础设施REITs中规模最大的一单。

第三，市场化程度高。本项目在首批基础设施REITs试点项目中具有基础资产多、运营市场化程度高的特点，可作为未来产权类项目发行基础设施REITs的重要参考。

第四，原始权益人是首批基础设施REITs试点项目中的唯一一家外资企业。项目公司大部分为外商独资企业持有，涉及跨境重组安排，交易过程相对复杂且专业，为国际企业在国内发行基础设施REITs、盘活存量资产提供了良好借鉴。

第二节　运用PPP模式盘活存量资产

在党的十九大报告中，习近平总书记指出：中国特色社会主义进入新时代，我国社会主要矛盾已经转化为人民日益增长的美好生活需要和不平衡不充分的发展之间的矛盾。基础设施作为人民生活的基本保障，在人民追求美好生活的道路上有着至关重要的作用,在资源和预算有限的情况下,如何最大限度地利用所拥有的人力与物力资源来缓解政府性投资项目建设资金紧缺的压力成了政府亟须解决的问题之一。近年来国家陆续发布了重要政策文件,指导推动相关工作的顺利开展。运用PPP模式盘活存量资产,作为PPP模式的一种重要应用,越发得到社会各界关注。

一、运用PPP模式盘活存量资产可行性分析

(一)政策可行性

近年来,我国政府愈加关注国有存量资产管理松散、使用效率普遍不高的问题,陆续出台了多部文件,指导地方运用合理模式,盘活存量资产,形成良性投资循环。如国发〔2014〕60号、财金〔2014〕112号、财金〔2014〕113号、国办发〔2015〕42号、财政部财建〔2015〕号、发改投资〔2016〕2698号文件等,尤其是国家发展改革委印发的《关于加快运用PPP模式盘活基础设施存量资产有关工作的通知》(发改投资〔2017〕1266号),明确提出积极推广PPP模式、加大盘活存量资产力度,形成良性投资循环,有利于拓宽基础设施建设资金来源,减轻地方政府债务负担;有利于化解民营企业融资能力不足问题,更好地吸引民间资本进入基础设施领域,丰富民营企业投资方式;有利于吸引具有较强运营能力的社会资本,提高基础设施项目运营效率,降低运营成本;有利于推进国有企业混合所有制改革,促进各种所有制经济共同发展;有利于加快补齐基础设施短板,推进供给侧结构性改革。国家不断出台的各类文件,不仅肯定了运用PPP模式盘活存量资产的重要意义,还从实施办法、管理机制等各方面给出了具体建议,为运用PPP模式盘活存量资产提供了明确支持、坚实保障及指导意见。

（二）经济可行性

首先，充足的项目储备。改革开放以来，经过长期投资建设，我国在能源、交通运输、水利等基础设施领域形成了大量优质存量资产。但是只有很小部分项目是通过 PPP 模式来运营的，这为运用 PPP 盘活存量资产提供了充足的项目来源。其次，运用 PPP 盘活存量资产后，政府能够获得较好回报，有利于解决债务问题、破解融资困境。例如兰州自来水项目中兰州自来水公司出手前的资产评估值约为 4.2 亿元，法国威立雅集团收购时出价 17 亿元，项目成功实施后政府获得了充足现金流。又如玉溪市江川区污水处理厂（厂网一体化）PPP 项目采用 TOT+BOT 模式并成功落地后，有效化解了地方政府存量债务 3 400 余万元，在一定程度上改善了当地财政收入状况。最后，盘活存量项目资源拓宽了社会资本的投资途径。合理的结构设计，使得项目现金流能够覆盖投资人收益，且在未来增长可期的前提下，社会资本方是有足够的参与积极性的，例如上述几个案例中竞标都非常激烈，充分说明了存量项目对于社会资本方的吸引力。

（三）技术可行性

现阶段，在 PPP 模式盘活存量资产的先行实践中，除了公共管理理念、法律、金融、税务、市场、监管等方面无法配套或匹配的不足外，还面临着估值、国有产权交易、存量债务处理、人员安置、税收等现实难题。但经过各方努力与创新，上述问题也得到了较为妥善的解决，出现了一部分运用 PPP 模式盘活存量资产的成功案例，如南京城东、仙林污水处理 PPP 项目，合肥王小郢污水处理厂 TOT 项目，深圳大运中心 ROT 项目等，从技术手段、实现路径等方面为后续项目提供了很好的借鉴。另外，随着各类制度的不断完善，PPP 的合作领域更加开放，ABS 等新型手段愈加丰富，运用 PPP 模式盘活存量的方法和路径必将日益丰富和多元化。

二、国内外运用PPP模式盘活存量资产的案例研究

(一)国内项目研究(以荣成市固废综合处理与应用产业园PPP项目为例)

荣成市垃圾处理为填埋方式,仅有两处填埋场,市内产生的生活垃圾只能依靠现有自然环境来缓慢解决。

随着荣成市城市化进程的全面加快,越来越多的城市生活垃圾与日益恶化的环境等伴随而来,解决垃圾围城问题迫在眉睫。为落实国家各项政策,满足荣成市城市对固体废弃物安全处置的需要,经综合规划考虑,荣成市政府规划建立荣成市固废综合处理与应用产业园,形成从源头到终端治理的城市固体废弃物系统化处理的新模式。项目总投资约20亿元,分三期实施。

1. 存量项目规模

存量项目累计资产3.9亿元,包括生活垃圾卫生填埋场、生活垃圾卫生填埋场渗滤液处理、生活垃圾焚烧发电渗滤液处理、生活垃圾焚烧发电飞灰处理、生活垃圾焚烧发电炉渣处理(含新建)、生活垃圾焚烧发电循环水供热(含新建)、沽河取水等子项,具备运营的条件,建设手续均完备,均为一期实施。

2. PPP运作模式

项目设计合作期限为28年(含建设期)。一期建设期为2015—2016年,二期工程2017—2020年,三期工程2021—2042年。

项目运作模式为BOT+TOT。荣成市城乡建设局作为实施机构与中选社会资本签订《PPP项目合同》,社会资本方及其引进的第三方共同出资注册成立项目公司(SPV)。项目公司负责配合政府方办理建设过程中各

项手续并承担相应费用，以及本项目的投融资、建设、运营维护和移交工作。根据各子项情况，回报机制分别包括政府付费、可行性缺口补助及使用者付费等情形，独立核算。存量部分自资产转移手续完成后，第二年末由荣成市财政开始逐年按季度支付补贴额。

3. 盘活前后对比

（1）项目融资落实情况。项目公司自行融资，与浦发银行达成融资意向，采用PPP项目收费权质押的形式进行贷款。贷款周期为12年。融资贷款于2016年9月份已经发放。

（2）项目实施进程。目前已经有垃圾焚烧发电飞灰项目、垃圾焚烧发电渗滤液项目、生活垃圾卫生填埋场项目、生活垃圾卫生填埋场渗滤液处理项目、生活垃圾焚烧发电低温循环水供热项目、沽河供水项目、科普馆项目、生活垃圾焚烧发电项目共8个子项目投入使用。

生活垃圾卫生填埋场渗滤液处理项目在进行升级改造，目前改造完毕，投入试运行。生活垃圾焚烧发电项目也在进行升级改造，预计年底投入使用。产业园配套项目正在建设中，预计年底投入使用。炉渣处理与应用项目正在做前期准备工作，预计9月底前开展设计工作，年底前投入使用。

4. 项目总结与启示

（1）盘活存量资产，有效化解地方债务。社会合作投资人具有运营管理经验和投资融资能力，通过PPP模式合作，能够减轻地方政府的财政负担，拓宽项目融资渠道，能够为荣成市基础设施建设提供更多的资金来源。本项目中存量资产约3.9亿元，通过TOT的运作模式，项目公司直接获取边界条件明确、商业模式清晰、现金流稳定的优质存量资产，如生活垃圾卫生填埋场项目、生活垃圾卫生填埋场渗滤液处理项目、生活垃圾焚烧发电渗滤液处理项目。

采用 TOT 模式，目前已由项目公司完成 10 058 万元的项目存量资产购买，直接化解地方债务 10 058 万元，回收资金可继续用于新的基础设施和公用事业建设，实现良性循环，既极大地缓解了政府债务压力，又发挥了社会资本方的技术管理优势。本项目兼顾固废处理与公共产品产出服务的协调发展，解决了附近居民供热需求。同时，本项目在不影响生态环境的基础上解决了荣成市固废处理的急迫需求。

（2）小结。该项目作为荣成市较早实施 PPP 模式的项目，对其他类似项目的建设运营具有良好的示范意义，有利于转变政府职能，充分发挥社会资本的建设运营经验及融资能力。

（二）国外项目研究（以澳大利亚联邦 PPP 项目为例）

1. 环境分析

2008 年澳大利亚联邦政府通过 INFRASTRUCTURE AUSTRALIA ACT 2008 法案，并成立了 IA（Infrastructure Australia）部门。该部门主要负责统一和协调全国的 PPP 项目管理。各州和领地的道路及交通领域也相继出台了系列指南和技术性指导方案，并在全国各政府部门推广。各政府部门每年要按期向澳大利亚联邦政府委员会（Council of Australian Governments）就全国基础设施的建设情况作汇报总结。这一举措确保全国开展的基础设施建设与国家、地方发展战略紧密地结合起来。澳大利亚国家机构从政策、法规和技术等不同层面管理 PPP 项目，同时赋予各州政府一定的司法灵活性。澳大利亚的 PPP 项目涉及医疗、法庭、监狱、教育、水务、体育场馆、保障住房、单身公寓、科研中心、铁路、公路、停车场等不同的细分市场领域。绝大多数的 PPP 项目金额在 5000 万美金以上，合同期限从 15 年［Ballarat North（and Creswick）Water Reclamation Scheme］到 40 年（RailCorp New Electric Suburban Rail Carriages）。澳大利亚本土四大银行（ANZ，Commonwealth，NAB，Westpac）在国内 PPP

项目融资市场上也占据了 50% 以上的市场份额。澳大利亚政府也与日本、加拿大、菲律宾、印尼等东南亚国家开展着广泛的 PPP 项目与技术合作。

2. 案例分析——澳大利亚阿德莱德水务项目

案例背景：项目于 1994 年 11 月开始资格审核，1995 年 10 月联合水务公司中标。联合水务公司（社会资本方）接手并负责管理、运营和维护南澳大利亚阿德莱德地区的既有供水及污水处理厂、水网和污水管网。

参与方：社会资本方——联合水务公司。公共部门方——南澳大利亚水务公司，负责获取收入、管理客户关系、管理集水区与制定服务标准，对基础设施拥有所有权并控制资本支出。

项目管理：资产管理计划由联合水务与南澳大利亚水务公司协商制定，包含 1 年期、5 年期和 25 年期，最后由南澳大利亚水务公司验证计划的可行性并对其进行调整。

项目成果：①联合水务公司通过编制年度资产管理计划、引入费率合同、创新污泥处理措施等方式，不仅在合同履行方面出色，指标完成率超过 90%，而且该项目的成果也促使联合污水公司将业务扩展到维多利亚州和新西兰等地。②在经济效益等方面，该项目通过 PPP 模式为南澳大利亚水务公司节省了约 2 亿美金的成本，另由于采用工程采购与建设管理方法进行工程建设，为国家节省了近 4 300 万美元的资金。③社会效益方面，项目引入了第三方质量控制体系和环境管理体系，建立了世界级的研发中心，改进了污水处理技术。

案例总结：此项目有强烈的市场需求和稳定的现金流入是 PPP 项目成功的前提，而公共部门对项目实施状况赏罚分明，亦使得私营部门有较强动力把项目做大做强。成功之处在于责任明晰、利益分配均匀、风险控制得当。虽然各个 PPP 的管理模式有区别，不同项目也面临不同的困难，但总体看，成功的 PPP 都有强烈的市场需求和相对稳定的现金流入，公共与私营部门责任清晰、私人部门在 PPP 中能获取相当的利润或补偿，在项目实施过程中有成熟的应对方案等共性。

3. 澳大利亚 PPP 模式的特点及启示

一是既统一又相对独立的 PPP 项目管理结构。2008 年金融危机以后，澳大利亚联邦政府通过法案在 COAG（Council of Australian Governments）组织架构下正式成立 IA，来对各个州和领地的基础设施 PPP 项目进行整体管理。所以澳大利亚的 PPP 项目管理分两个层级，即各州和领地组成的联合政府间的管理与协调，以及各个州自身对 PPP 项目的管理。以 PPP 项目最早且成熟的维多利亚州为例，其早在 2000 年时就制定并推出了针对本州 PPP 项目的政策和指南（Partnerships Victoria Policy and Guidelines）。随着 2008 年澳大利亚联邦基础设施管理部门 IA 的设立，上述文件被一个全国性的政策指南（National PPP Policy and Guidelines）所替代。鉴于 6 个州具有独立的立法权，所以州政府在 PPP 项目管理上通过 COAG 来取得整体上的一致和协同，但涉及地方 PPP 项目具体问题时，州政府又保持着一定的司法灵活性，从而保持了统一和独立之间的协调。

二是联邦政府发展战略下的项目整体优先选择。澳大利亚联邦政府将国家未来重点基础设施建设划分为 7 个主题，分别为全国货运网络、城市交通、城市和区域水务、能源、国家宽带网络、国际港口与土著社群。IA 与联邦各州、领地政府共同成立国家 PPP 论坛及相应的工作组，共同探讨未来的 PPP 国家立法和发展趋势，并接受州政府、领地与社会机构的项目申报。在收到项目申报后，IA 将依据不同的方面将项目划分为不同的优先级别予以相应的推荐（分 Early Stage、Real Potential、Threshold、Ready to Proceed 四个等级），并定期更新和公示。主要的依据有项目与国家和州政府重大发展战略规划之间的协同程度、项目对国家重大基础设施瓶颈的缓解程度、项目本身的成本与经济效益系列指标（BCR）等。获得最高级别政府推荐的项目可以在税务机构注册登记为"基础设施建设指定企业单位",获得无须 COT 和 SBT 测试的税收减免等优惠措施(例如以 10 年期国债的利率对企业损益进行未来税收减免或结转)。

国家统一的项目审批、申报接口、统一的评审标准和公开透明的信息化建设,使得整个澳大利亚 PPP 市场在国家重大发展战略和州政府重要战略指引下得到了有效的推广和发展;政府提供财政和税收等扶持性措施,使得 PPP 项目对社会资本的吸引力增加,并实现了市场资源的有效配置。

三是完善的项目实际操作指南与信息管理体系。在项目执行层面,各个主要州政府在财政部下都设立了相应的 PPP 管理工作部门,建立了完善的管理流程及相应的实践操作指导手册来管理和指导 PPP 项目的实施。

IA 联合州政府就先后出台了一系列的文件和指南来指导项目的管理和实施。其中包括国家 PPP 政策概述(National PPP Policy Framework)、国家 PPP 指导总则(National PPP Guidelines Overview)等政策性总体指导说明、招标分析指南(Procurement Options Analysis)、项目实操指南(Practitioners Guide)、社会性基础设施商业规范(Commercial Principles for Social Infrastructure)、公共项目指标对比分析指南(Public Sector Comparator Guidance)、PPP 项目贴现利率选择方法论(Discount Rate Methodology)、司法规定(Jurisdictional Requirements)、经济性基础设施商业规范(Commercial Principles for Economic Infrastructure)、风险分配指南(Risk Allocation Guidance)、合同管理指南(Contract Management Guidance)等一系列文件。这些指南和文件从项目框架设计、法律法规、项目运作流程、具体问题的方法论选择和管理指标体系等方面对 PPP 项目管理进行了全面的归纳总结,为各政府管理机构提供了大力的支持和帮助,从而保障了项目管理的科学性和有效性。

三、运用 PPP 模式盘活存量资产的意义

（一）对于财政改革的重要意义

加快推动财政改革、建立现代财政制度，让财政真正成为国家治理的基础和重要支柱，可以更好地促进不平衡不充分发展问题的解决。因此党的十九大、二十大报告中对财政改革提出了相关要求：加快建立现代财政制度，建立权责清晰、财力协调、区域均衡的中央和地方财政关系。建立全面规范透明、标准科学、约束有力的预算制度，全面实施绩效管理。深化税收制度改革，健全地方税体系。

从报告中可以看出财政改革的重点领域仍然在央地财政关系、预算、税制三大方面。

在央地财政关系方面，报告中提出财力协调，其核心最终还是要寻求地方政府财力和支出责任之间的匹配，积极推广 PPP 模式，加大存量基础设施盘活力度、形成良性投资循环，有利于拓宽基础设施建设资金来源，更好地吸引民间资本进入基础设施领域，有利于提高基础设施项目运营效率，降低运营成本，进而很好地平衡政府财力和支出责任；也有助于优化转移支付结构，进一步提高转移支付的效率。

在预算管理方面，预算管理制度改革要求增强预算的约束力，提高预算效率。财政支出的走向体现公共政策目标的要求，民生领域的短板在很大程度上需要财政助力，而财政资源是稀缺的，成功运用 PPP 模式盘活存量，有助于解决这个问题，这就给预算编制及预算管理提供了较好的弹性，能够有效推动财政资源被配置到最需要配置的民生短板领域，有助于优化政府的预算管理、资产管理。

在税收制度改革方面，现阶段开展 PPP 模式盘活存量工作，涉及增值税、土地增值税、印花税、契税、所得税、流转税等税种，目前来看税费成本较高、税收配套政策也不尽完善，因此随着国家大力推动 PPP 模

式转化存量资产且成功案例的不断增多，能够从实践层面为相关领域税收制度的改革完善提供支撑和现实依据。

（二）对化解地方债务的意义

政府要解决资金来源问题，一是增税；二是获取上级政府更多的转移收入；三是举债。由于税收收入遵循法定原则，并不能随意增加，增税不现实；而上级政府的转移收入与当地的经济发展系数相关，且要受制于上级政府的宏观调控目标，获得多少转移收入并不能由地方政府决定。因此，举债成了地方政府的必然选择。但是1994年颁布的《预算法》明确规定："地方各级预算按照量入为出、收支平衡的原则编制，不列赤字。除法律和国务院另有规定外，地方政府不得发行地方政府债券。"迫于地方经济发展的需要，各地政府在政府融资方面"修暗渠"，通过融资平台方式变相进行融资。地方政府投融资平台是地方政府通过财政拨款或注入土地、股权等方式建立的。地方政府投融资平台与地方政府之间密切的关系，导致了一旦投融资平台无法偿清债务，最终将会由地方政府来承担的问题。投融资平台的债务来自企业的直接或担保债务，而且从宏观角度分析，一旦投融资平台经营失败，地方政府必将承担平台公司所有的债务，并由政府直接偿还。而政府债务规模必须与当时经济发展水平、财政支出和财政收入水平相匹配，地方政府通过平台公司进行大量超出其自身负担能力的融资将最终导致地方政府无力偿还债务的情形，地方政府性债务由此产生了恶性循环。

同时，巨额的地方政府性债务及地方政府偿还债务的财力疲软对其信用产生了严重影响，地方政府的担保或承诺并未被纳入政府预算收支，但却是一种隐性的预算外开支或责任；另外，地方政府通过各种形式的欠款、挂账和担保产生了巨额的非显性债务。由于各级政府间偿债职责不清、事权界限不明，一旦累计的债务风险超过地方财政的承受能力，势必逐级向上转嫁偿债风险，直接危及中央财政安全。因此，地方政府亟须一种新的模式，在缓解所面临的债务风险的同时，继续推动公共基础设施的建设，满足更多的民生需求。

从本质上来讲，PPP 模式本身就是在赋予地方政府发债权之外的又一条重要融资渠道，运用 PPP 这一利器，一定程度上改变了政府建设项目单一财政投资主体的问题，通过吸引盘活社会资本存量在客观上起到了减轻地方政府财政压力、分散化解地方政府债务风险、拓宽城镇化建设融资渠道的效果。运用 PPP 模式盘活存量资产，选择的标的主要包括已经建成的存量项目及需要改扩建的项目，针对不同形态的基础设施项目可以选择不同的 PPP 模式，如对已建成存量项目，可考虑选择 TOT（Transfer-Operate-Transfer，移交—经营—移交）模式，将已建成的基础设施或其运营权转让给私人部门，政府将转让所得化解原来的债务；而对于改扩建项目，则可以通过 ROT、BOT+TOT 等形式，化解原来的债务和防范未来发生的债务。同时，由于 PPP 以风险最优分配原则为核心，可以充分利用政府和企业之间的比较优势，将不同风险独立分配给能以最小成本最有效管理它的一方，从而实现提高项目收益的目标。项目市场收益的提高，有利于防范存量债务风险和新增债务风险。

总体来讲，成功运用 PPP 模式盘活存量资产，可以实现政府跨期资金调度，改变政府的收入支出现金流，缓解当期支出压力，有利于降低当期财政风险；同时还能够提升效率和项目收益，有效防范存量债务风险和新增债务风险。

（三）提高资产管理绩效层面

经过长期投资建设，我国在能源、交通运输、水利、环境保护、农业、林业、重大市政工程等基础设施领域形成了大量存量资产。但是资产来源和资产结构的复杂、政府运营和管理的缺乏、管理模式的粗放等原因，直接导致巨额的国有资产分散于行政事业单位，处于所有者"虚位"、管理者"缺位"和占用者"越位"的管理状态，造成大量资产的闲置浪费，国有资产的综合效益难以发挥，制约了经济社会的协调健康发展。

通过 PPP 模式盘活存量资产，一方面可以加快资金的流动，另一方面注入社会资本方专业的管理和经营技能，使公共资源达到"物有所值"。这样不仅能够全面提高存量资产使用效益，还有利于提高基础设施项目运营效率，降低运营成本，从而加快补齐基础设施短板，推进供给侧结构性改革。

此外，运用 PPP 模式盘活存量资产，可以建立形成相对完善的绩效考核体系，提升产品服务水平。引入社会资本能够推进政府现有的绩效考核体系的完善，增加结果导向的绩效考核指标，这也促使地方政府关注项目的后续进展以发挥项目的最大效益。而对于社会资本而言，在规范的政策制度下，由于社会资本参与建设或经营公共项目的机会取决于自身的竞争力，在合作过程中还要受到政府的规制，社会资本出于自身利益的考虑必然想方设法提高服务质量，以维持合作伙伴的地位，因此消费者将享受到更优质的产品和服务。

四、运用 PPP 模式盘活存量资产的政策建议

（一）加强平台建设

当前，我国的 PPP 正处于发展初期。国务院及相关部委出台了一些规范 PPP 的文件，为 PPP 模式的发展提供了良好的政策环境。但是整体来说，我国社会资本在参与公共服务领域方面还刚刚起步。另外，我国现有的存量资产体量大、范围广，对其进行数据采集储存、权益交易流转及管理监督的需求是客观存在的，为了更好地发挥 PPP 模式盘活存量资产的作用，有必要从以下三个方面进行平台建设。

1. 数据平台

我国现有的存量资产体量大、覆盖范围广，且分散在全国各个公共

部门内。如何统一管理各地政府辖内的存量资产并有效地传递存量资产信息是推行 PPP 模式必须考虑的问题。现有平台如财政部设立的 PPP 综合信息平台系统目前已经实现信息的填报、审核、查询、统计和分析等，通过为合作各方提供大数据服务，强化示范项目规范性督导，加大项目信息披露力度，拓宽公众监督渠道和手段。在现有基础上，应大力加强统筹整合和共享共用，统筹构建一体化整合平台、共享共用数据、协同联动系统，推进解决互联互通难、信息共享难、业务协同难的问题。构建全国一体化的数据平台（汇集数据、流转、监督、管理等）中心及各地分中心，形成存储数据、交换数据、共享数据、使用数据、开放数据的核心枢纽，系统性打破信息孤岛，有力促进存量资产信息化整合，为 PPP 模式创新和强化在存量资产领域奠定基础。显著提升宏观调控科学化、政府治理精准化、公共服务便捷化、基础设施集约化水平，总体满足存量资产在 PPP 模式中的创新需要和社会公众服务期望。

2. 资产流转平台

PPP 项目往往具有资金需求规模大、公益性较强、收益率较低、投资周期与回报周期长、投资回报相对安全等特点，在合理的设计与架构下，具有流转性。PPP 资产流转平台的建立，能够为 PPP 项目中的社会资本提供进入、退出或流转的可能，也为新的社会资本进入存量项目提供了通道，从而保持社会资本积极参与 PPP 项目的动力和活力，是对 PPP 项目从发起、融资、建设、运营到退出整个生态链的充实和完善，有助于构建 PPP 事业的长效发展机制，也符合中央关于"供给侧改革""盘活存量"的政策导向。

目前财政部 PPP 中心分别与天津金融资产交易所和上海联合产权交易所建立 PPP 项目资产交易管理平台，引导 PPP 市场创新与规范并举，"希望从资产交易和管理端口入手，探索市场基础能力建设、资产流动性、价格发现和退出机制等"。这在交易渠道方面给 PPP 项目注入了一定的活力和动力,也在一定程度上给 PPP 项目规避了风险。

现阶段,建议以上述两个 PPP 资产交易管理平台作为典型,探索如何有效解决交易流转对 PPP 各参与方合作稳定性的影响,以及 PPP 类资产非标化程度高对交易行为的影响,探索适合流转的项目类型及流转办法,逐步建立共享、开放、透明、高效的 PPP 资产交流平台,在此基础上由点带面,在全国推广。

3. 监督平台

PPP 存量项目涉及众多利益主体,不同主体在项目监管动机上可能会存在一定差异。而对于 PPP 存量项目监管,地方性法规未明确规定各方的监管责任及相关法律后果,致使项目监管成为空中楼阁,因此监督平台的建设势在必行。监督平台应该是一个跨部门、跨地区的协同监督治理系统,能够支撑协同监督治理新格局,满足跨部门、跨地区综合调控、协同治理、一体服务需要,在支撑存量资产的运作创新上取得突破性进展。

与此同时,还要对 PPP 存量项目落实和监管承担主体责任,开展项目全生命周期管理。合理引入社会资源对项目进行监督,广泛听取社会公众、社会资本和有关部门意见,及时披露项目运行过程中的成本变化、公共服务质量等信息,接受公众、媒体等社会力量监督。

(二)科学实施绩效管理

项目绩效评价针对的是从整个项目的开始到项目结束的全过程,针对的是全程参与人员,而在 PPP 项目中涉及的利益相关方主要是政府部门、私营部门和公众三大类,由于政府部门、私营部门和公众对 PPP 项目绩效的关注点不同,因此 PPP 项目的绩效指标与纯粹的社会资本投资建设项目和一般政府投资项目有很大区别。因此如何培养一个良好的绩效管理环境也是值得探索的问题之一,该问题可从以下三个方面进行考虑。

1. 推动绩效评价法律制度的设立

在现有的体制中，对 PPP 项目进行绩效评价主要是依靠财政部门发布的相关文件作为参考依据，如财政部《政府和社会资本合作项目财政管理暂行办法》（财金〔2016〕92号），国家发展改革委关于印发《传统基础设施领域实施政府和社会资本合作项目工作导则》的通知（发改投资〔2016〕2231号），《基础设施和公共服务领域政府和社会资本合作条例（征求意见稿）》，这些文件不具备法律效应，没有法律制度的约束，PPP 项目的绩效评价效果就得不到保证。因此政府应该推动与绩效评价相关的法律法规出台。

2. 设立 PPP 存量资产项目独立评价机构

目前 PPP 项目绩效评价的主体一般是财政部门或发改委下设的评审中心或评审委员会，这些部门通常还需要承担除绩效评价以外的其他工作职责，并且这些部门缺乏绩效评价的专业性。另外，由于这些部门依附于政府主管部门参与项目，而存量资产又处在各级政府的管辖内，其独立性相对较弱。对于 PPP 存量资产项目而言，绩效评估人员的稳定性和专业性要求较高，因此建立一个独立评价机构能够提高对 PPP 存量资产项目评价的效率。

3. 建立项目全生命周期绩效考核体系

从项目的初期至项目最终完成，应形成一个整体的绩效考核体系，其中项目立项阶段应主要关注项目特性指标，项目招投标和项目特许权授予阶段需关注项目投入指标，项目建设阶段应关注项目过程指标，项目运营阶段和移交阶段则应重视项目结果、影响指标。完整的评价指标体系不仅包括指标框架，还应包括指标权重及评价标准，甚至还可以考虑加入一些扣款条款来加强绩效体系的约束性，最后根据设立的绩效考核标准，验收 PPP 存量资产项目的完工效果，并根据绩效考核标准进行付费。

4. 注重 PPP 盘活存量项目绩效管理特殊性

由于存量资产转型为 PPP 模式的原因不一、资产原存在形式和状况差异较大，存量资产转型、打包为 PPP 项目或者与新建项目共同打包为 PPP 项目（简称"两类项目"）的绩效管理应该与其他 PPP 项目的绩效管理有所不同，需要重点关注两类项目涉及存量资产打包为 PPP 项目的产出效果和预期效益，是否真正实现资产盘活，提升了公共资金使用效率、化解了地方债务。为此，建议建立两类项目全生命周期绩效预算管理机制，科学实施绩效管理，如：

（1）在绩效目标设置上，要考虑增加存量资产盘活对提升公共资金使用效率、化解地方债务的目标考核。为此，涉及存量资产转型、打包为 PPP 的项目需要建立多维度的、可量化的绩效目标。

（2）在预算申报、审批和拨付过程中，申报单位要认真分析存量资产预计或实际收回投资对预算资金安排的影响，科学申报预算，财政部门要结合 PPP 项目实施方案、PPP 合同及预算申报资料开展审查和资金拨付工作。

（3）项目执行中，要开展两类 PPP 项目存量资产盘活前后的效率分析和对比、化解地方债务的效果分析，并围绕上述内容设置绩效评价指标，根据绩效评价结果支付费用。

（4）项目移交结束，要开展项目整体后评价，重点对存量资产打包、转型为 PPP 项目的目标实现情况、执行效果进行深度分析，为政府完善存量资产管理制度提供依据，也为今后存量资产打包、转型为 PPP 项目提供经验总结和案例研究。

（三）优化宣传导向

1. 加大事前宣传力度

在中国推广 PPP 模式，初期要消灭潜在合作方对于 PPP 模式的认知误区，这就需要政府加强对PPP模式的宣传与推广，认真做好培训工作，以利于形成良好的市场与社会氛围。从国际经验看，宣传、培训作为PPP协调管理机构一项重要职责，对PPP模式的普及和推广起到了重要的推动作用，政府应重点做好以下工作：一是要抓紧开展全方位、多层次的培训。要使财政部门和企业的相关人员熟悉PPP的运作模式与管理要点，更好地在实践中运用PPP模式。二是要加强社会舆论引导，通过广泛的媒体宣传，增进政府、社会与市场主体共识，提高公众对PPP模式的认可度。各级地方财政部门要充分利用报纸、电视、广播、网络等渠道，继续以多种形式组织开展宣传工作。

2. 结合数据平台扩大社会效应

通过建立PPP存量项目数据平台，规范PPP存量项目的信息来源，形成一个官方的PPP存量项目报告口径，降低信息的不对称性和信息获取的门槛，有助于消除推广PPP模式的信息传达障碍，同时通过共享数据平台，引入社会监督方，加强公众的参与度，从而加强PPP模式的社会效应。

3. 注重盘活效果与满意度宣传

在地方政府盘活存量资产或者通过采用PPP模式盘活存量资产的过程中，建议认真贯彻国家相关政策法规要求，优先关注存量资产所代表的公共服务属性，政府方在盘活存量资产、引入社会资本方的同时，应该把项目今后形成的公共产出物的建设及提升标准、运营服务质量要求、运营服务效率与人民群众对于存量资产相关的公共服务关注度及满意度相结合，并以此作为宣传的重点向社会公众进行宣传、公示。

4. 做好典型案例示范

各级地方财政部门要在详细调查的基础上对存量项目进行全面梳理，尽快筛选出合适的项目先行先试，发掘优秀存量资产转PPP示范项目，以示范项目的运营经验及运营模式为导向，进行推广、宣传。同时在操作过程中，积累经验，尽快提炼和形成相对统一的范例，积累数据，并且通过在数据平台上进行示范带头项目情况的公示，逐步形成PPP盘活存量资产领域的可借鉴案例库，促进良性竞争风气的形成，从而对各级地方政府PPP推广运用工作给予支撑和借鉴。

（四）健全政策扶持体系

政府在PPP模式中是不可或缺的角色，PPP模式天然具有较强的政策性，政策导向、政策支持是能否有效运用PPP模式盘活存量资产的先决条件。建议从以下几个方面健全政策扶持体系。

1. 完善国有资产统计口径，厘清存量资产状态

由于PPP模式盘活存量资产的基础在于存量资产的界定，因此规范存量资产的统一口径十分重要，政府应出台相关政策或相应的指导意见来帮助健全存量资产的数据库，摸清现有存量资产的现状、管理及运营情况，为相关项目的开展提供政策支持。

2. 完善国有资产管理办法

对于PPP模式盘活存量资产而言，存量资产的管理和项目资金的管理是两个重头戏。因此国有资产监督管理部门，应根据经济形势和发展需求，在彻底摸清国有公共存量资产的现状和问题的基础上，完善和细化国有资产管理办法，加强对使用部门的监督，建立绩效考核机制和问责机制，让国有存量资产首先在现有使用者、经营管理者手中"盘活"，提高使用效率。

3. 出台各项鼓励政策

历史遗留问题导致运用PPP模式盘活存量资产的推行困难重重，这

也打压了很多社会资本投资的积极性,因此对于选择采用PPP模式盘活国有存量资产的社会资本,政府除了加强财承能力评估的监管外,应在相关的审批流程、涉及的税收等方面,给予相应的政策鼓励和扶持。此外,政府可研究出台"以奖代补"措施,引导和鼓励地方融资平台存量项目转型为PPP项目,对符合条件的项目按照化债规模的一定比例给予奖励,着力化解地方政府存量债务,提升项目运作的规范性和科学性。

4. 分门别类、循序推进

鉴于我国的国有资产形态丰富、涉及领域较广,因此,对国有存量资产的"盘活",应分门别类、循序推进。现阶段建议先针对基础设施和公共服务领域,对那些不善管理、不懂经营、利用效率低下、产出低下、贡献微弱甚至给财政造成较大负担的单位或部门,制定强制性整改措施,建立绩效考核机制和问责机制,并制定一系列对资产经营者具有较强约束力的措施。

5. 多渠道探索盘活国有存量资产的模式

除私有化这一与社会主义制度相悖的措施外,建议政府有关机构和部门,不仅限于与社会资本合作模式,可以多渠道探索盘活国有存量资产的模式。例如,某省市盘活存量资产的政策措施,就包括积极利用存量资产招商,盘活存量引进增量,采取引资扩股、引技转型、腾笼换鸟、靠大联强、以企引企、劣汰优进等多项措施,把盘活闲置厂房、存量土地资源、效益低下企业等作为招商引资的有效载体,研究出台有利优质项目整合存量资产、出租利用存量厂房的相关政策。

6. 盘活土地资源

2004年3月,国土资源部(今自然资源部)、监察部(今国家监察委员会)联合下发了《关于继续开展经营性土地使用权招标拍卖挂牌出让情况执法监察工作的通知》(71号令),要求从2004年8月31日起,所有经营性的土地一律都要公开竞价出让,各地不得再以历史遗留问题为由进行协议出让。同时要求此后发展商须及时缴纳土地出让金,两年不开发政府可收回土地(俗称"831大限")。土地作为组成国有资产的主要资源,国土资源管理部门应在71号令的统领下,制定新的土地政策,尤其是目前PPP项目普遍面临的用地供给方式。例如,某市在盘活存量资产的方案中,提出国土资源部门应尽快组织制定新的节地标准体系和相关标准规范,探索先出租后出让、缩短出让年限等新的出让方式,实行工业用地分期考核监管,约定宗地应达到的亩均投资、亩均产出、亩均税收等节约集约用地指标,以及企业达不到投入产出标准应退出用地的要求和条件;实行定期评估考核制度,每3年评估考核一次宗地的节约集约用地指标落实情况;对评估考核不达标的企业,根据分期考核监管协议实行约定监管,追究企业违约责任,引导闲置低效工业用地有序退出,全面提高土地利用效率。

7. 探索盘活存量资产和化解存量债务的有机融合

在盘活存量资产的同时,应有效化解政府存量债务。例如,2017年6月22日云南省人民政府办公厅发布的《云南省通过政府和社会资本合作模式化解存量政府性债务实施方案》(云政办发〔2017〕70号)采用PPP模式的存量政府性债务项目,纳入PPP项目库,并与政府债务管理系统进行对接,实现项目在PPP项目库和政府债务信息数据库的"两库锁定"。

案例1:河北省秦皇岛市污水污泥处理PPP项目

本项目盘活的存量资产为秦皇岛市排水厂网一体化的存量资产包,包括5座污水处理厂、2座污泥处理厂、51座泵站和423.31公里污水管网,资产总额36.8亿元。2018年3月,秦皇岛市政府采用TOT模式引入社会资本负责运营、维护、管理资产包。社会资本通过向政府收取污水处理费和管网维护费回收投资资金。本项目具有以下特点。

第一，项目特点突出。本项目实现"水泥一体、厂网一体"，存量排水设施资产规模大，为水务项目盘活存量资产提供了有益借鉴。

第二，带动地方政府财税收入增长。项目共计盘活资金36.8亿元，将秦皇岛市一般公共预算收入年均增长率从2015—2017年的2.19%提升到2018—2021年的9.83%，其形成的有效投资带动秦皇岛市年均税收增长超过8%。

第三，保障员工平稳过渡。针对不同类型的员工分类制定安置措施，保证了员工的平稳过渡，同时社会资本通过专业赋能和有竞争力的晋升机制，大大提升了员工的职业获得感。

第四，提升资产运营效率。通过资产一体化、管理专业化的手段提升了整体运营管理水平，在保证运营效果的前提下，提高了资产运行效率，节约了运营成本。

案例2：安徽省合肥市十五里河污水处理厂PPP项目

本项目盘活的存量资产为安徽省合肥市十五里河污水处理厂。2018年9月，合肥市政府通过TOT+BOT方式，将存量资产转让给社会资本方北京首创股份，实现首次资产盘活。2021年6月，北京首创股份以本项目为底层资产，成功发行基础设施REITs，实现资产的再次盘活。本项目具有以下特点。

第一，盘活方式新颖。采用"PPP+基础设施REITs"的方式两次盘活存量资产，在不同阶段实现了政府和社会资本的存量资产盘活，在盘活方式、创新性、引领性、可复制性和示范性方面具有较为明显的特点和优势。

第二，国内首个水务REITs项目。作为首批基础设施REITs试点中唯一一个以污水处理设施为底层资产的项目，为水务行业开展存量资产盘活提供了宝贵经验。

第三，充分发挥社会资本作用。政府和社会资本依法依规签订特许经营协议，明确社会资本从项目勘察设计到运营全过程参与，发挥社会资本最大效能，减轻政府运营负担。

第四，强化公共服务提供。将盘活国有资产和新增投资有机结合，将盘活存量资产回收资金投入后续公共服务项目，提升公共服务水平，形成投资良性循环。

案例 3：浙江省温州市市域铁路 S1 线一期工程 PPP 项目

本项目盘活的存量资产为温州市市域铁路 S1 线一期工程，线路全长 53.507 千米，投资概算 199.57 亿元，于 2019 年 1 月开通试运营。2019 年 7 月，本项目采用 TOT 模式引入社会资本方，并与温州市铁投集团组建项目公司，负责项目机电设备更新改造和整体的运营维护、管理和移交。本项目具有以下特点。

第一，项目示范意义突出。S1 线一期工程已纳入国家战略性新兴产业示范工程、全国市郊（域）铁路第一批示范项目和省部共建市域铁路示范项目。

第二，盘活资产规模大。轨道交通项目投资规模大，地方政府财政支出压力较大，本项目以 90 亿元对价转让运营权，有力缓解了地方政府债务压力。

第三，最大限度发挥合作优势。本项目通过引入社会资本的资金、运营管理技术，形成产业合力，满足温州市城市发展实际需要，确保市域铁路的安全运营。

案例 4：深圳市妇儿大厦改造 PPP 项目

本项目盘活的存量资产为深圳市妇儿大厦，建筑面积 5.79 万平方米（含地下室）。大厦自 2002 年投入使用已历经多年，装修及设备管网老旧，存在一定的安全隐患。2020 年 6 月，深圳市政府通过 ROT 方式引入社会资本，对大厦进行升级改造。本项目具有以下特点。

第一，国内首个妇女儿童领域设计改建运营一体化 PPP 项目。以服务妇女、儿童和家庭为内容，共同打造对妇儿友好先行示范、具有城市标志水平的特色品牌街区，使其成为儿童友好城市建设重要代表作和深圳城市建设的品牌。

第二，改变了公共事业传统运营模式。引入在行业内具有丰富经验的社会资本，改变以往依托下属事业单位提供妇儿服务的传统运作方式，实现了完全使用者付费，具有较强的自我造血功能，降低了政府支出压力，推动"有为政府"与"有效市场"有机结合。

第三，体现了较强的社会责任。本项目在切实降低碳排放强度的同时，为妇女儿童带来了高质量公共服务，是 PPP 和 ESG 有效结合的典型范例。

第三节　积极推进产权规范交易

随着经济体制改革的不断深入，产权交易活动也日趋活跃，并已成为继期货交易之后的"第六大经济热点"。产权交易的兴起，对于推动国有资产的合理流动、优化资产配置，提高资产运营效益，起到了积极的作用，但是由于产权交易活动起步较晚，相应的政策、法规不健全。一方面由于产权交易行为不规范，引起资产流失；另一方面由于产权交易市场不发育，造成存量资产难以流动。因此，搞活产权交易市场，规范产权交易行为，保证产权交易活动健康有序地进行，已成为当前经济改革的一项重要任务。本节拟就这个问题谈几点建议。

一、正确引导国有企业产权交易活动的开展

产权交易是市场经济发展的必然产物，也是深化国有企业改革，建立现代企业制度的客观要求。多年来，由于传统管理体制的影响及改革开放中的某些失误，一些行业和企业重复建设，盲目发展，导致我国目前国有资产经营结构严重不合理。因此，在国有企业建立现代企业制度，不仅仅是将一个国有企业改造为公司，而是要结合企业公司化改造实行国有资产重组，即通过国有资产退出或进入某些企业或行业，调整国有资产经营的产业结构与区域结构，促进国有资产的优化组合与合理配置，为建立现代企业制度打下良好的基础。根据当前经济发展的需要，笔者认为应重点抓好以下几种情况的产权交易。

第一，对产品无销路、亏损严重、资不抵债、效益低下的企业采取兼并、拍卖、出售、破产等措施，盘活企业资产存量。

第二，对经营状况一般的小型企业，本着双方自愿的原则，有重点、有步骤地促进实力雄厚的国有大中型企业进行收购，组建企业集团，强化大中型国有企业的市场竞争实力。

第三，对各类企业长期闲置的资产要进行清理，督促企业尽快处理拍卖，并组织闲置资产调剂。

第四，对现有经营好的企业进行股份制改造，多数企业设立有限责任公司和股份公司，对少数符合条件的企业要积极争取到境外上市，或向境内外客商出售部分股权，从而改变国有企业股权的单一结构。

第五，对各级政府管理的部分资源，如土地使用权、矿产资源使用权、交通汽车营运资格、运营线路等实行竞价拍卖。

第六，对各级政府及部门直接投资项目（关系国计民生和国防建设的除外）。包括盈利项目的产权和股权实行有偿转让，收入用于新的开发项目建设。

二、要建立规范的产权交易机构

产权交易机构是产权交易的合法场所,是专门从事产权交易业务的中介服务组织。产权交易的主要任务应该是通过较低的交易成本,为国有资产的合理流动优化配置服务,而绝不能以追逐高额利润为目标。因此,各级国有资产管理部门,要严格产权交易市场的管理和监督。所有的产权交易机构,必须报经国有资产管理部门审核批准,并由省以上国有资产管理部门颁发《产权交易资格证书》,才能开展业务。为了保证产权交易机构质量和必要的经营条件,产权交易机构必须具备下列条件:①有与其经营范围相适应的并能独立承担民事责任的财产和资金;②有与从事产权交易业务相适应的固定场所和设施;③有一定数量能胜任产权交易工作的专业技术人员和管理人员;④有完善的交易规则和相关的规章制度。国有资产管理部门必须认真审查产权交易机构基本条件,严格把关,并注意适当控制机构数量,防止过多过滥。

产权交易机构是为产权交易服务的中介组织,必须有其明确的职责范围。笔者认为产权交易机构的主要职责:①定期收集和发布产权交易资料信息和动态,组建产权交易信息网络;②为产权交易提供合法场所,接受产权交易双方的委托,撮合产权交易双方成交;③本着客观公正的原则,对产权交易的合法性、规范性、真实性进行认真审查和评判,维护产权交易双方的合法权益;④为产权交易提供咨询服务,组织产权交易业务知识培训和交流;⑤为产权交易活动牵线搭桥、穿针引线,为产权交易对象提供优质服务。

产权交易机构必须树立"服务为主、信誉至上"的宗旨,保证产权交易活动健康有序地开展。

三、要建立灵活的产权交易形式和完善的交易程序

建立灵活的产权交易形式和完善的交易程序,有利于产权交易的健

康发展。在产权交易活动中，一般可选择下列几种交易形式：协议转让；招标出售；拍卖（包括有声拍卖、无声拍卖、减价拍卖、招标拍卖）；企业兼并（包括承担债务式、出资购买式、资产划转式）；折股出售；股权重组；其他合法交易方式。

产权交易程序主要采取五个步骤。

第一步，申请委托。由出让方向交易机构提交委托申请，并按照规定的程序附上有关证件和资料。

第二步，审查受理。产权交易机构接到委托申请后，对交易标的物进行核查，对出让方条件进行审查，如符合交易条件，则受理申请，并对交易标的物实施封存或其他保全措施。

第三步，资产评估。原则上由出让方向国有资产管理部门申请立项，并委托具有省以上国有资产管理部门授予评估资格的评估机构，对其资产进行全面清查核实评估，其结果经国有资产管理部门确认后，作为交易底价。

第四步，成交确认。交易机构根据标的物评估价值，交易费用、职工安置、债权债务处置等有关因素确定转让底价，采用招标、拍卖形式的，由产权交易机构发布公告，组织实施。采用其他交易形式的，由交易机构确定交易底价公开挂牌，价高者优先成交，成交后由交易机构颁发《产权交易成交确认通知书》。

第五步，签约过户。交易双方接到《产权交易成交确认通知书》后，根据确认书要求就产权交接具体事宜签订《产权交易合同》，经公证后生效。以上交易形式和程序，是以尊重交易双方的意愿、保证交易双方的利益为基础的，既维护了产权交易机构客观公正的形象，又可避免产权交易行为发生后出现遗留问题。

四、建立广泛的产权交易信息咨询网络

产权交易信息是产权交易活动发展的源泉。产权交易市场往往以一

定的区域为范围。但是，产权交易市场的发展又不能受区域的限制。因此，建立一个联系面广，辐射全国的信息网络势在必行。笔者认为，应由国家国有资产管理局组建一个产权交易信息中心，对全国产权交易机构实行计算机联网，形成联系面广、辐射面大的产权交易信息网络系统。产权交易信息网络建设，实行国家产权交易信息中心统一领导、统一规划、统一信息表示、统一计算机软件的方式，以利于网络的扩展。各地产权交易机构要按照国家的统一要求，负责本地产权交易信息的收集、整理、统计上报工作，保证产权交易信息来源。国家产权交易信息中心，要不定期发布产权交易信息及产权交易动态，为各地产权交易机构及企业单位提供信息和咨询服务；同时还要适时举办全国及联省产权交易现场会，为各地产权交易对象创造和提供直接洽谈、交易的环境和条件。

五、加强国有资产产权转让及转让收入的管理

各地、各部门和单位转让国有资产产权一定要严格履行报批制度。凡是中央投资形成的产权，地方不能随意出售，需要出售的，应报中央有关部门和国家国有资产管理局审批；凡是省级企业和省下放地方管理的国有企业及地方管理的大中型国有企业的产权转让，必须报省以上国有资产管理部门审批；属于关系到国计民生和国防建设的重要工程和企业的产权转让，必须报省政府或国务院批准，其他小型国有企业产权转让，由地区行署和市州人民政府审批，任何部门和单位不得擅自决定国有企业进行产权交易，涉及国有产权变动的，交易成交后，要到当地国有资产管理部门办理产权变更登记手续。

对外商购买企业整体产权或部分产权成为外资企业或中外合资企业，应分别按照中华人民共和国关于开办外资和中外合资企业的有关规定和程序审批。外商购买部分产权要求申办中外合资股份制企业的，也必须按国家有关法规履行报批手续。

国有企业产权转让收入是国有资产变现收入，各级国有资产管理部

门要切实加强管理,防止流失。在产权交易成立、"产权交易合同"签署后,购买者原则上应一次付清价款。如数额较大,一次付清确有困难的,在取得担保的前提下,可以分期付款,分期付款的期限不得超过3年,第一次交款数额不得低于出售价款的50%,欠交的部分应参照银行贷款利率交付利息。外商购买国有企业产权可以用外币支付,也可以用人民币支付。出售国有企业产权所得净收入,除在批准文件中已明确专项用途和留给出售单位使用的外,由同级国有资产管理部门组织收取,作为政府的专用基金,用于支持产业结构调整、补充需要扶持的国有企业资本金。不得用于经营性支出和弥补预算赤字、发放工资奖金。同时,各级国有资产管理部门要加强对国有企业产权转让收入使用方向的监督。

六、加强对产权交易市场的管理与监督

国有资产管理部门是主管产权交易工作的行政管理部门,要加强对产权交易的监督与管理。这种监督管理包括两个方面:一方面是产权交易市场的监督管理,各级国有资产管理部门必须制定过硬的办法,采取切实可行的措施,使国有企业的产权交易必须通过具备合法资格的产权交易市场,以杜绝场外交易,防止国有资产流失;另一方面是产权交易机构的监督管理,国有资产管理部门要定期检查产权交易机构的服务行为和收费标准,对不守规矩违反执业原则的交易机构,视情节轻重分别给予警告、停业整顿、吊销产权交易资格证书的处罚。各级国有资产管理部门,要认真研究制定完善产权交易工作的政策和制度,积极培育和发展产权交易市场,加强对产权交易机构的监督管理和业务指导,促进企业产权交易工作沿着市场化、规范化的轨道发展。

七、完善产权保护制度,依法保护产权

产权制度是社会主义市场经济的基石,保护产权是坚持社会主义基本经济制度的必然要求。有恒产者有恒心,经济主体财产权的有效保障和

实现是经济社会持续健康发展的基础。改革开放以来，通过大力推进产权制度改革，我国基本形成了归属清晰、权责明确、保护严格、流转顺畅的现代产权制度和产权保护法律框架，全社会产权保护意识不断增强，保护力度不断加大。同时要看到，我国产权保护仍然存在一些薄弱环节和问题：国有产权由于所有者和代理人关系不够清晰，存在内部人控制、关联交易等导致国有资产流失的问题；利用公权力侵害私有产权、违法查封扣押冻结民营企业财产等现象时有发生；知识产权保护不力，侵权易发多发。解决这些问题，必须加快完善产权保护制度，依法有效保护各种所有制经济组织和公民财产权，增强人民群众财产财富安全感，增强社会信心，形成良好预期，增强各类经济主体创业创新动力，维护社会公平正义，保持经济社会持续健康发展和国家长治久安。

（一）加强各种所有制经济产权保护

深化国有企业和国有资产监督管理体制改革，进一步明晰国有产权所有者和代理人关系，推动实现国有企业股权多元化和公司治理现代化，健全涉及财务、采购、营销、投资等方面的内部监督制度和内控机制，强化董事会规范运作和对经理层的监督，完善国有资产交易方式，严格规范国有资产登记、转让、清算、退出等程序和交易行为，以制度化保障促进国有产权保护，防止内部人任意支配国有资产，切实防止国有资产流失。建立健全归属清晰、权责明确、监管有效的自然资源资产产权制度，完善自然资源有偿使用制度，逐步实现各类市场主体按照市场规则和市场价格依法平等使用土地等自然资源。完善农村集体产权确权和保护制度，分类建立健全集体资产清产核资、登记、保管、使用、处置制度和财务管理监督制度，规范农村产权流转交易，切实防止集体经济组织内部少数人侵占、非法处置集体资产，防止外部资本侵吞、非法控制集体资产。坚持权利平等、机会平等、规则平等，废除对非公有制经济各种形式的不合理规定，消除各种隐性壁垒，保证各种所有制经济依法平等使用生产要素、公开公平公正参与市场竞争、同等受到法律保护、共同履行社会责任。

（二）完善平等保护产权的法律制度

完善物权、合同、知识产权相关法律制度，清理有违公平的法律法规条款，将平等保护作为规范财产关系的基本原则。健全以企业组织形式和出资人承担责任方式为主的市场主体法律制度，统筹研究清理、废止按照所有制不同类型制定的市场主体法律和行政法规，开展部门规章和规范性文件专项清理，平等保护各类市场主体。加大对非公有财产的刑法保护力度。

（三）妥善处理历史形成的产权案件

坚持有错必纠，抓紧甄别纠正一批社会反映强烈的产权纠纷申诉案件，剖析一批侵害产权的案例。对涉及重大财产处置的产权纠纷申诉案件、民营企业和投资人违法申诉案件依法甄别，确属事实不清、证据不足、适用法律错误的错案冤案，要依法予以纠正并赔偿当事人的损失。完善办案质量终身负责制和错案责任倒查问责制，从源头上有效预防错案冤案的发生。严格遵循法不溯及既往、罪刑法定、在新旧法之间从旧兼从轻等原则，以发展眼光客观看待和依法妥善处理改革开放以来各类企业特别是民营企业经营过程中存在的不规范问题。

（四）严格规范涉案财产处置的法律程序

进一步细化涉嫌违法的企业和人员财产处置规则，依法慎重决定是否采取相关强制措施。确需采取查封、扣押、冻结等措施的，要严格按照法定程序进行，除依法需责令关闭企业的情形外，在条件允许的情况下可以为企业预留必要的流动资金和往来账户，最大限度减少对企业正常生产经营活动的不利影响。采取查封、扣押、冻结措施和处置涉案财物时，要依法严格区分个人财产和企业法人财产。对股东、企业经营管理者等自然人违法，在处置其个人财产时不任意牵连企业法人财产；对企业违法，在处置企业法人财产时不任意牵连股东及企业经营管理者个人合法财产。严格区分违法所得和合法财产，区分涉案人员个人财产和家庭成员财产，在处置违法所得时不牵连合法财产。完善涉案财物保管、鉴定、估价、拍卖、变卖制度，做到公开公正和规范高效，充分尊重和依法保护当事人及其近亲属、股东、债权人等相关方的合法权益。

（五）审慎把握处理产权和经济纠纷的司法政策

充分考虑非公有制经济特点，严格区分经济纠纷与经济犯罪的界限、企业正当融资与非法集资的界限、民营企业参与国有企业兼并重组中涉及的经济纠纷与恶意侵占国有资产的界限，准确把握经济违法行为入刑标准，准确认定经济纠纷和经济犯罪的性质，防范刑事执法介入经济纠纷，防止选择性司法。对于法律界限不明、罪与非罪不清的，司法机关应严格遵循罪刑法定、疑罪从无、严禁有罪推定的原则，防止把经济纠纷当作犯罪处理。严禁党政干部干预司法活动、介入司法纠纷、插手具体案件处理。对民营企业在生产、经营、融资活动中的经济行为，除法律、行政法规明确禁止外，不以违法犯罪对待。对涉及犯罪的民营企业投资人，在当事人服刑期间依法保障其行使财产权利等民事权利。

（六）完善政府守信践诺机制

大力推进法治政府和政务诚信建设，地方各级政府及有关部门要严格兑现向社会及行政相对人依法作出的政策承诺，认真履行在招商引资、政府与社会资本合作等活动中与投资主体依法签订的各类合同，不得以政府换届、领导人员更替等理由违约毁约，因违约毁约侵犯合法权益的，要承担法律和经济责任。因国家利益、公共利益或者其他法定事由需要改变政府承诺和合同约定的，要严格依照法定权限和程序进行，并对企业和投资人因此而受到的财产损失依法予以补偿。对因政府违约等导致企业和公民财产权受到损害等情形，进一步完善赔偿、投诉和救济机制，畅通投诉和救济渠道。将政务履约和守诺服务纳入政府绩效评价体系，建立政务失信记录，建立健全政府失信责任追究制度及责任倒查机制，加大对政务失信行为惩戒力度。

（七）完善财产征收征用制度

完善土地、房屋等财产征收征用法律制度，合理界定征收征用适用的公共利益范围，不将公共利益扩大化，细化规范征收征用法定权限和程序。遵循及时合理补偿原则，完善国家补偿制度，进一步明确补偿的范围、形式和标准，给予被征收征用者公平合理的补偿。

（八）加大知识产权保护力度

加大知识产权侵权行为惩治力度，提高知识产权侵权法定赔偿上限，探索建立对专利权、著作权等知识产权侵权惩罚性赔偿制度，对情节严重的恶意侵权行为实施惩罚性赔偿，并由侵权人承担权利人为制止侵权行为所支付的合理开支，提高知识产权侵权成本。建立收集假冒产品来源地信息工作机制，将故意侵犯知识产权行为情况纳入企业和个人信用记录，进一步推进侵犯知识产权行政处罚案件信息公开。完善知识产权审判工作机制，积极发挥知识产权法院作用，推进知识产权民事、刑事、行政案件审判"三审合一"，加强知识产权行政执法与刑事司法的衔接，加大知识产权司法保护力度。完善涉外知识产权执法机制，加强刑事执法国际合作，加大涉外知识产权犯罪案件侦办力度。严厉打击不正当竞争行为，加强品牌商誉保护。将知识产权保护和运用相结合，加强机制和平台建设，加快知识产权转移转化。

（九）健全增加城乡居民财产性收入的各项制度

研究住宅建设用地等土地使用权到期后续期的法律安排，推动形成全社会对公民财产长久受保护的良好和稳定预期。在国有企业混合所有制改革中，依照相关规定支持有条件的混合所有制企业实行员工持股，坚持同股同权、同股同利，着力避免大股东凭借优势地位侵害中小股东权益的行为，建立员工利益和企业利益、国家利益激励相容机制。深化金融改革，推动金融创新，鼓励创造更多支持实体经济发展、使民众分享增值收益的金融产品，增加民众投资渠道。深化农村土地制度改革，坚持土地公有制性质不改变、耕地红线不突破、粮食生产能力不减弱、农民利益不受损的底线，从实际出发，因地制宜，落实承包地、宅基地、集体经营性建设用地的用益物权，赋予农民更多的财产权利，增加农民财产收益。

（十）营造全社会重视和支持产权保护的良好环境

大力宣传党和国家平等保护各种所有制经济产权的方针政策和法律法规，使平等保护、全面保护、依法保护观念深入人心，营造公平、公正、透明、稳定的法治环境。在坚持以经济建设为中心、提倡勤劳致富、保护产权、弘扬企业家精神等方面加强舆论引导，总结宣传一批依法有效保护产权的好做法、好经验、好案例，推动形成保护产权的良好社会氛围。完善法律援助制度，健全司法救助体系，确保人民群众在产权受到侵害时获得及时有效的法律帮助。有效发挥工商业联合会、行业协会商会在保护非公有制经济和民营企业产权、维护企业合法权益方面的作用，建立对涉及产权纠纷的中小企业维权援助机制。更好地发挥调解、仲裁的积极作用，完善产权纠纷多元化解机制。

案例1：中石化资产经营管理公司安庆分公司港贮、液化气设施资产转让项目

本项目盘活的存量资产为中石化资产经营管理公司安庆分公司所持有的油品码头和油气输送管线资产，主要包括两条油气管线，资产评估价格3 435.4万元，剔除拆除费用后资产实际估值为625万元。2019年，本项目通过北京产权交易所公开挂牌转让方式进行盘活。本项目具有以下特点。

第一，交易模式创新性强。创新性地采用"资产转让网络竞价+资产拆除密封报价"的交易模式确定受让方，10家意向受让方先后进行了83轮报价，最终标的资产成交价为5 075.4万元，剔除拆除费用之后的资产价格为3 875.4万元，较最初评估值625万元增值了520%，超出各方预期，实现了国有资产价值最大化。

第二，保障安全与稳定。交易方案约定转让方在拆除过程中分期支付拆除费用，严密把控拆除进度，同时强调资产拆除资质和资产状态现场踏勘，最大限度上保障了拆除工作的安全性，维护了社会稳定。

第三，示范意义突出。在当前大量工业企业转型升级、改造搬迁，大量生产设备需要拆除和处置的阶段，本项目通过一系列创新做法，实现资产安全拆除和价值最大化的双重目标，对同类企业具有较强的借鉴意义。

案例2：天津市渤化集团国际轮胎公司盘活项目

本项目盘活的存量资产为天津市渤化集团国际轮胎公司（以下简称：国际轮胎公司）及其有关资产。国际轮胎公司自2015年起连年亏损，企业生产经营难以为继。2022年，国际轮胎公司将房产、土地、生产设备、品牌、专利等非流动资产打包，并附带摘牌方接收公司全体员工的条件，

在天津市产权交易中心挂牌转让,盘活存量资产。本项目具有以下特点。

第一,充分实现资产价值。实现了房产土地盘活,实现盘活资金7.1亿元,最大限度地保证了国有资产保值增值。

第二,化解债务风险。国际轮胎公司通过出售资产包获得的资金主要用于解决企业债务,完全覆盖了银行借款、融资租赁款等外部金融债务,解除了渤化集团在国际轮胎公司捆绑的担保责任,避免了渤化集团债务的系统性风险。

第三,重视原有员工的安置。在盘活资产的过程中,以职工的妥善安置作为盘活存量资产的前置条件,使近千名员工重新获得就业岗位,收入得到成倍增长,职工利益得到有效保障。

第四,实现绿色低碳生产。优化产能并降低能耗,月产量由1 200吨增至6 500吨以上,生产用能对标综合能耗已经达到轮胎制造标准的先进值。

案例3:广西壮族自治区钦州港大榄坪作业区12#、13#泊位工程产权转让项目

本项目盘活的存量资产为钦州北港物流名下的钦州港大榄坪作业区12#、13#泊位工程项目,包括29.37公顷的海域使用权。盘活前,已完成填海造地252亩,建成两个钢结构厂房2.88万平方米,完成投资1.15亿元。2021年,北港集团下属北港物流对钦州北港物流的物流业务进行剥离,通过在产权交易所公开挂牌转让钦州北港物流99%股权的方式,对外转让项目的海域使用权及相关在建工程,盘活存量资产。本项目具有以下特点。

第一,超额回收前期建设投资。本项目通过产权交易所公开挂牌转让实现资产盘活,回笼资金1.7亿元,转让价格显著高于项目投入成本,实现了国有资产保值增值。

第二，带动新增投资作用明显。北港物流利用回笼资金投资新建北港钦州新通道联运中心项目，预计总投资约5.48亿元。同时，受让方利用钦州北港物流名下的土地等资产，新建钦州锦峰海洋重工年产30万吨风电产业项目，预计总投资13亿元。

第三，妥善解决资产盘活后续风险。为做好北部湾港口码头的统一管理，北港集团与受让方约定，码头建成后将委托北港集团经营管理。为此，北港集团采取保留钦州北港物流1%股权及提名一名董事的方式，确保对泊位后续规划建设的控制，并拥有码头的回购优先权。

第四节　发挥国有资本投资、运营公司作用

党的十八届三中全会基于深化经济体制改革，使市场在资源配置中起决定性作用和更好发挥政府作用的总体战略部署，首次提出通过改组组建国有资本投资、运营公司，构建国有资本投资、运营主体，改革国有资本授权经营体制，完善国有资产管理体制，实现国有资本所有权与企业经营权分离，实行国有资本市场化运作。党的十九届四中全会指出坚持和完善社会主义基本经济制度，推动经济高质量发展，形成以管资本为主的国有资产监管体制，有效发挥国有资本投资、运营公司的功能作用。

一、国有资本投资、运营公司的职责使命

服务"以管资本为主"的国有资产监管体制改革，服务国有经济布局结构调整，服务国资治理体系和治理能力的现代化，是国有资本投资、运营公司的根本职责使命。

经济体制改革的核心是处理好政府和市场的关系，使市场在资源配置中起决定性作用和更好发挥政府作用。其中，政府重点加强发展战略、规划、政策、标准等制定和实施，加强市场活动监管，加强各类公共服务提供。市场决定资源配置就要推进经济要素的自由流动和配置优化。

国有经济是我国推进国家现代化、保障人民共同利益的重要支柱，国有经济体制改革对国家推动全局性经济体制改革具有重大意义。在国有经济领域，要使市场在资源配置中起决定性作用，核心是要促进国有资本、国有产权、国有企业经营要素等三个层面的自由流动，其中国有资本的自由流动是首位。党的十八届三中全会做出了完善国有资产管理体制，以管资本为主，改革国有资本授权经营体制的战略部署，首次提出组建若干国有资本投资、运营公司，并明确国有资本投资运营要服务于国家战略目标，更多向关系国家安全、国民经济命脉的重要行业和关键领域集中。

党的十九届四中全会则从坚持和完善中国特色社会主义制度、推进国家治理体系和治理能力现代化的高度出发，提出探索公有制多种实现形式，推进国有经济布局优化和结构调整，发展混合所有制经济，增强国有经济竞争力、创新力、控制力、影响力、抗风险能力，做强做优做大国有资本，形成以管资本为主的国有资产监管体制，有效发挥国有资本投资、运营公司功能作用的要求。

国有资本投资、运营公司本质上是市场化主体，也是国有资本的运作平台，在国务院直接授权或国有资产监管机构间接授权下自主开展运营，引导资本投向、服务国家战略；通过市场化运营机制的导入，推动国有资本、国有产权、国有企业经营要素的自由流动，服务国资监管方式以管企业为主转向以管资本为主，使市场在国有经济领域资源配置中起决定性作用和更好发挥政府积极作用，提升国资治理体系和治理能力的现代化水平。这是国有资本投资、运营公司的根本职责使命。

二、国有资本投资、运营公司功能作用发挥的领域

（一）国有资本层面

核心是构建起政府与国有资本之间的市场化运作主体，服务国资监

管大格局的构建。通过授权经营，在政府和国有资本之间建立市场化的运作平台，通过管资本的形式，进一步服务政企分开、政资分开，更好地引入市场机制。同时，通过积极参与行政事业单位经营性资产剥离、政府社会化购买服务，高等学校所属企业剥离，军队停偿资产整合等国家重大专项改革，服务国有经营性资产集中统一监管，为国资监管大格局的构建发挥积极的平台作用。

（二）国有产权层面

核心是参与国有产权的重组整合，实现国有产权结构的优化和布局结构调整。国有资本投资公司以主业为边界，重点推进主业处于关系国家安全、国民经济命脉的重要行业和关键领域、主要承担重大专项任务的商业类国有企业的重组整合，提高优势产业集中度，保持国有控股；国有资本运营公司，重点推进主业处于充分竞争行业和领域的商业类国有企业的重组整合，帮助国有企业精干主业、剥离辅业资产，并按照宜混则混的原则，可绝对控股、相对控股或参股；同时，积极推进公益类国有企业投资主体的多元化。实现国有企业产权层面的自由流动和结构优化，并通过有序进退，实现布局结构调整。

（三）国有企业经营要素层面

核心是促进国有企业人、财、物等经营要素的有效配置。按照"清理退出一批、重组整合一批、创新发展一批"的原则，通过推进国有低效无效资产的重组整合，减轻企业经营发展包袱，促进企业资产的有效配置；通过参与国有企业市场化债转股，降低企业财务成本，促进企业财务的有效配置；通过完善公司治理结构和市场化经营机制，探索建立市场化薪酬体系、选人用人机制及职业经理人制度，促进人才的有效配置。全面提高经营要素的配置效益。

三、国有资本投资、运营公司功能作用发挥的方式

（一）主动参与国资国企改革的研究

积极参与国资国企改革的政策研究，发挥市场化运营实际操作方面的优势，为贯彻落实国资国企改革、建立规范有效的实施路径提供专业意见和平台支持。

（二）按照供给侧结构性改革的方向来运作

通过重组整合、盘活运作、改制、创新交易产品等方式，提升资产流动性，优化存量资源配置；通过有序进退、发展混合所有制、基金运作，扩大优质增量供给，使全社会资本向关系国家安全、国民经济命脉的重点行业和关键领域集中。

（三）大范围内优化配置资源

按照经济理性的要求，跨中央企业、跨国资管理体系，跨产业、跨区域、跨国家大范围优化配置资源，充分发挥国有资产的经济效用、社会效用和政治效用。

（四）构建起循环运作模式

在接收端，形成大规模、多类型国有资本的接收整合能力，确保平稳有序接收，防止国有资产流失；在运作端，形成盘活资产、重组整合、优化配置、价值管理、业务嫁接的能力，提升国有资本质量；在产出端，实现国有资本的布局结构调整、保值增值及战略性新兴产业的孵化培育。三方面循环运作，不断扩大运营的范围，使平台作用得到充分发挥。

（五）充分借助全社会优质资源开放式运作

灵活采取业务合作、租赁、委托运营、作价入股、合资运营等多种方式，多层面嫁接相关领域的专业运营资源，以市场化为原则、开放运作，提升国有资产的运营效益。

四、以基金投资为引领，服务国有经济布局优化和结构调整

基金投资是国有资本运营公司发挥功能作用的重要抓手，也是促进国有企业产业重组整合的重要纽带。国有资本运营公司通过市场化的基金投资手段，充分发挥国有资本杠杆放大作用，推动国有资本向重点行业、关键领域和优势企业集中。特别是，推动国有企业围绕主责主业大力发展实体经济，促进产业结构调整，提升产业链、供应链的稳定性和竞争力，有效服务保障国家重大战略落实落地。

五、参与央企股权多元化治理实践，服务国有资本授权经营体制改革

国有资本运营公司作为改革国有资本授权经营体制的重要载体，通过积极参与关键领域和重点行业的国有企业重组和集团层面的股权多元化改革，进一步助力国有企业优化治理结构，完善现代企业制度，聚焦主责主业。在公司治理中，国有资本运营公司也要积极发挥股东作用，赋能所持股国企提升管理效能，形成产业协同效应，更好地推动国有企业高质量发展。

六、加快盘活国有存量资产，服务国有资本合理流动和保值增值

国有资本运营公司具有与资本市场深度衔接的天然优势，是连通实体经济和资本市场的有效通道。通过提升国有存量要素资源盘活能力和市

场化运营效率，能够有效推动国有企业对沉淀资产、存量股权、闲置资金等加强管理、提升效益。国有资本运营公司可以对国有控股上市公司股权进行专业化管理运作，为其提供"资金池"业务服务，还可以以组建专项资产管理平台的方式，集中管理处置存量国有资产，实现国有资本价值增值和资产盘活。

七、高标准培育战略性新兴产业，服务国有经济、国有企业改革创新

战略性新兴产业是国家培育发展新动能、获取未来竞争新优势的关键领域。国有资本运营公司应坚持用好资本运营功能和金融服务手段，推动国有资本向前瞻性战略性新兴产业集中，以实际行动彰显产业报国、产业强国的决心。通过放大资本优势和发挥所持股企业生态圈上下游协同效应，国有资本可以引领带动社会资本共同助力战略性新兴产业发展，培育孵化一批具有较强竞争力、行业领先的企业。

新征程新起点，国有资本运营公司需要着力提升资本聚合、资本布局、资本增值、资本管控能力，持之以恒发挥好基金投资、股权管理、资产管理、金融服务、战略性新兴产业培育等功能，从而在深化国企改革、服务和融入新发展格局中持续发挥重要作用。

第五节　挖掘闲置低效资产价值

在市场化经济推进的过程中，为了提升国有企业的竞争力和市场活力，我国进行了大规模的国有企业改革，而从国有企业改革的具体结果来看，虽然促进了企业发展，实现了企业的现代化进步，但是也形成了大批的闲置资产，这些资产如不能得到有效的利用，必然会出现大量资源浪费的情况，这于我国目前的绿色经济和可持续经济发展来讲是非常不利的，所以积极地进行闲置资产的盘活，挖掘闲置资产的价值是非常必要的。

在市场经济环境下，资源的充分利用能够产生更大的经济效益，这于企业发展来讲是有重要意义的，但是在国企改制中，企业的经营管理结构、模式等的改变导致了大量的闲置资产，这些资产如果不能实现有效利用，会造成企业经营管理成本的提升，于企业的发展是十分不利的，所以积极地讨论企业闲置资产问题现实意义显著。其实，企业的闲置资产可以通过盘活使其重新发挥价值，所以对企业闲置资产的盘活问题做讨论与分析会有比较突出的现实意义。

一、国有闲置资产形成的原因分析

从目前的分析来看，造成国有闲置资产的原因是多样的，具体分析原因，对于了解闲置资产有重要的意义。

（一）国有企业改制或者产品结构转换形成的闲置资产

从目前的资料研究来看，大量的国有闲置资产产生与企业改制及产品结构转换有显著的联系。从分析来看，企业生产需要完整的生产链，包括厂房、车间、设备等的利用及材料的选用。当企业的生产结构出现变化的时候，原有的生产设备及车间会因为生产要求的不同无法发挥效用，所以企业会新建生产线及厂房，这样，原有的厂房及生产线会成为闲置资产。简单来讲，不同的产品需要有不同的生产线，而企业改制会导致生产产品的种类等发生变化，而这种变化影响了旧生产线的利用，所以会有大量的闲置资产产生。

（二）管理失误导致的闲置资产

管理失误会导致闲置资产的产生。从现代化企业的发展来看，管理是一项重要的内容，如果管理不善，企业的具体经营活动等会大受影响。从目前的资料分析来看，有的国有企业因缺乏完整的管理体系，在管理中，人员专业性表现也比较差，所以在实践中会出现管理项目不全或者标准不统一的情况。而无论是管理项目不全还是标准不统一，都会造成管理遗漏，遗漏部分无法发挥其真实的价值，由此出现了闲置资产的情况。总之，在国有企业的管理实践中，管理遗漏问题多多少少都会存在，而正是这样的管理遗漏导致了大量的闲置资产。

（三）企业技术革新淘汰的资产

企业的发展与进步需要不断地进行技术革新，因为技术的革新不仅会提升产品品质，还能够提高生产效率，这于企业竞争力提升来讲是非常重要的。在现代化社会，国有企业非常重视技术的革新，所以在生产中会定期地做技术升级。而技术的利用与基础设施设备呈配套性，所以在技术革命后，原有的技术配套设施设备会被淘汰，这些淘汰的资产就成了企业的闲置资产。简言之，技术革命成功地推动了企业的进步与发展，但是也为企业造成了大量的闲置资产。

（四）其他原因

造成企业闲置资产的原因有很多，除上述三个原因之外，还有一些其他原因，这些原因造成的闲置资产比例较小。就其他原因分析来看，其中比较重要的两个分别是破产清算资产及试验器械。所谓的破产清算资产指的是国企申请破产后造成的闲置资产；而试验器械指的是设备、技术在开发试验阶段遗留的资产。

二、国有闲置资产的盘活及价值挖掘

从上文的分析可知，国有闲置资产的存在影响了企业的整体经营效益，所以对国有闲置资产的具体处理做分析现实意义显著，而盘活国有闲置资产，对目前的企业发展来讲是有必要的，以下是具体的措施分析。

（一）基于市场导向实现资产的利用

基于市场导向实现资产的利用对于国有闲置资产的盘活有重要的意义。就市场导向实现资产利用来看，具体的工作有三项：①对市场的发展趋向做具体的分析。市场是发展变化的，但是市场的发展是存在规律的，所以通过大数据分析可以发现市场的发展变化规律。②对闲置资产的市场价值做判断，并确定资产与市场发展规律的吻合性。通过吻合性分析可以判断资产的现实利用价值大小。③基于市场的具体发展对资源市场导向性利用，这样，闲置资产可以在市场中发挥与之相匹配的功能，虽然说闲置资产的功能不能得到100%的发挥，但是通过再利用，其价值得以展现，对于企业而言，也是很好的创收方式。

（二）积极地进行资产租赁

在闲置资产的盘活中，第二项重要的措施是利用现代化租赁的方式实现设备、器械等闲置资产的再利用。从目前的分析来看，不同地区的企业发展是有明显差异的，所以在某些地方淘汰的技术设备与器械，在其他的地方还能够得到应用。所以当国有企业因为技术升级淘汰大量的设备之后，可以利用租赁的方式将设备等向其他区域的同类企业进行出租，这样，不仅设备的功能得到了发挥，企业还能够因为利用这些设备获得效益，这于企业来讲是非常有利的。简言之，通过现代化租赁的方式实现设备等闲置资产的再利用，其现实价值能得到有效的发挥。

（三）强调资产的再分配与利用

在国有闲置资产的盘活中，第三项重要的内容是实现资产的再分配与利用。所谓资产的再分配与利用主要指的是通过资源整合将原来的闲置资产重新利用。从国有企业的具体经营管理来看，不同部门的管理会存在差异，但是有些设备的利用却具有相同性。例如，在某部门技术改革或者是生产创新工作完成后，原有的设备、仪器等会被淘汰。此时将淘汰的设备、仪器等与整个企业的设备、仪器等进行综合分析，然后确定利用方案，这样，被淘汰的设备也能够得到重新分配与再利用，设备的价值得到体现。简言之，通过资产的再分配与利用，设备的利用价值得到了显著性的提升。

（四）实行个人承包经营

在国有闲置资产的具体处理中，实行个人承包经营也是非常有效的手段。从目前的具体分析来看，部分国有企业因为厂址搬迁或者是规模扩大，原有的旧厂房等会出现闲置的情况，其长期闲置不仅不会有收益，还会增加管理成本，这于企业发展不利。企业如果执行个人承包，原本闲置的厂房等闲置资产会重新产生价值。在这样的大环境下，企业不仅不需要对闲置资产进行管理，而且还可以从个人经营中获取不菲的收入，这于企业的持续发展有重要的作用。简言之，个人经营是一种很好的消化国有闲置资产的方式，所以在目前的国有资产处理中，积极地推进这种模式现实意义显著。

（五）构建有效的资产处置体系

第一，提高认识，转变观念，是提高闲置资产运营效益的基础。推进闲置资产的处置工作，首先要转变观念，提高认识。长期以来，许多人受到传统思想的约束，错误地认为处置资产是"败家"；有些人认为资产处置工作与己无关，抓好生产就行了；还有些人怕麻烦、怕担责任。因此，盘活处置资产积极性不高。从资产经营的角度看，企业资产规模庞大未必是好事。资产利用得好，是企业的财富；如果闲置，则成为企业沉重的负担。闲置资产经过盘活，转化为现金流，现金同样也是企业的资产，不过是从一种资产形态转变为另一种形态而已。

第二，建立相应的组织机构，使制度落到实处，增强闲置资产处置的内动力。为保护闲置资产不流失，资产不受损害，要加强领导，精心组织。成立闲置资产处置工作机构，全面负责资产处置工作，对闲置资产进行统筹优化，根据资产的实际情况，有针对性地制定合理、有效的处置方案、策略，采取不同的处置方式，使闲置资产效能充分利用。国有资产的处置是一项十分严肃的工作，必须用制度来规范，俗话说"没有规矩，不成方圆"。依据国家的政策法规，结合企业自身的实际情况，制定切实可行的制度，使闲置资产处置有章可循、有制可依，切实加强内部控制和外部监督，保证闲置资产盘活工作依法操作。同时，规范、严谨的制度是调动积极性、推动资产盘活工作的重要保障，建立有效的激励机制和考核评价体系，增强闲置资产处置的内动力。

第三，细化基础管理，明晰处置流程，使闲置资产处置提效增速。闲置实物资产处置管理工作是一项复杂的系统工程，政策性强，工作量多，难度较大，牵扯面广。从企业内部讲，涉及生产设备管理、资产管理、财务管理等多个专业部门；从企业外部看，涉及国资委、财政、工商、税务、银行等多个政府部门，还涉及资产审计、资产评估、产权交易拍卖、法律等多个中介机构，需要做大量细致的工作。首先，要动态掌握基础数据信息，全方位、多角度描述闲置资产，不仅掌握闲置资产名称、数量、规格型号、账面价值，还掌握重量（面积）、出厂日期、启用日期、存放地点、技术资料情况等等。组织专家及专业技术人员对资产状态进行分析，根据资产的特点有针对性地开展处置工作。其次，要根据闲置资产处置工作的规范要求，分析研究各工作环节具体工作内容，按时间顺序进行整理，找出关键点、主要任务和需要解决的主要问题，制定出闲置资产处置流程。根据流程清晰处置工作步骤，明确各工作环节的工作内容，使各环节工作能够紧密衔接，同时将闲置资产处置工作中涉及的报告、请示、批复、实物资产信息发布申请、废旧物资销售合同等重要文件，制订出范本文件，统一格式、内容，便于操作，加快闲置资产的处置工作。

第四，构建有效的闲置资产信息平台，加大宣传推广，最大限度挖掘闲置资产的使用价值。资产可能是未来的经济利益。未来经济利益观认为，资产的本质在于它蕴藏着未来的经济利益。因此，对闲置资产盘活方式的选择，要看它是否蕴藏着未来的经济利益，研究它能以何种方式为企业带来经济利益，研究它采用哪种方式带来的经济利益最大，在处置中优先选用效益最大的方案。资产只有在生产经营中不断发挥其效用，其价值通过不断地使用转移到最终产品中去，才能使价值最大化。闲置资产不等于失去使用价值，对闲置资产进行有效整合，构建有效的闲置资产信息平台，开展有针对性的宣传、推介，打破地区界限、行业界限进行优化配置，让闲置资产物尽其用，产生最大的使用效益。

第五，建立闲置资产的快速处置通道，简化程序，降低处置成本。闲置资产处置不能采用"一刀切"的政策，不论资产类别、数量全部采用相同的处置程序。而应从资产的特点出发，根据资产的规模、数量、技术性能等因素，综合考虑成本与效益，对于规模小、数量少的，应采取简易、快速、规范的程序，而不必经过评估、备案等环节，根据闲置资产的具体情况采取不同的确定底价的方式，降低处置成本。例如，企业内部可成立相应工作机构，组织熟悉资产情况的有关专家确定底价。同时要对闲置资产进行分析研究，重新整合和配置资源，提升闲置资产的价值，降低处置成本。

第六，利用现代化的技术手段，避免人为干扰，实现资产价值最大化目标。按照《企业国有产权转让管理暂行办法》要求，国有资产的转让必须坚持公开、公平、公正的原则，但在现场拍卖中可能会出现有人干扰和破坏拍卖秩序的情况，串标现象时有发生，造成资产真实的市场价值无法体现这一问题。运用现代科学技术手段，利用计算机互联网系统进行网上竞价拍卖，能够有效避免各种人为因素干扰，避免"暗箱操作"行为。在公开、有序的竞价环境中，资产的价值会随着一次次的竞价而得到提升。

综上所述，国有闲置资产的大量产生非常不利于我国可持续和绿色经济的发展，所以在目前的市场经营中，需要对闲置资产做有效的处理。

而要有效解决闲置资产的问题，必须要对闲置资产的产生原因做分析，这样，闲置资产的具体处理方案利用才会更有针对性和专业性。

案例1：天津市河西区泰达控股爱米斯保租房项目

本项目盘活的存量资产为位于天津市河西区核心腹地的闲置厂房资产，用地面积为17 859平方米，地上房屋建筑面积2 061平方米。2021年12月，天津泰达万嘉建设发展有限公司通过协议转让的方式取得该地块资产，并开展保障性租赁住房投资建设运营。本项目具有以下特点。

第一，社会效益显著。本项目将原有闲置土地经过规划开发后，总建筑面积达40 318平方米，绝大部分用于保障性租赁住房建设，预计为1 000多人提供就业机会，为1 200人提供居住场所，为提高就业率、保障民生做出重要贡献。

第二，经济效果好。通过盘活沉淀资产，回收资金约7 000万元，有效化解原产权人债务风险。同时，爱米斯项目建成后，可实现项目自平衡，预计可实现总收入8.05亿元，实现净利润8 500万元。

第三，为同类资产盘活提供了参考借鉴。天津市国资系统闲置土地资源389.3万平方米，闲置房产252万平方米，本项目为后续盘活存量资产提供了可复制、可推广的经验方法。

案例2：江苏省徐矿集团老旧矿区改造项目

本项目盘活的存量资产为徐矿集团庞庄矿区老旧矿区相关资产。2015年末，庞庄矿区共有土地2 472亩、各类房产232幢、铁路专用线22.6公里、电网30.7公里等闲置或低效运转资产，超3 000名职工待安置，逾万亩采煤塌陷地待治理。矿井关闭后，特别是2017年以来，徐矿集团通过产业转型升级盘活存量资产。本项目具有以下特点。

第一，兼顾经济效益与社会效益。依托原存量土地建设的华美热电二期工程，创出年产值20亿元、年利税3亿元的佳绩。利用闲置土地投资建设的华美和园小区，已定向安置2 474户矿区住户，成为徐州市棚改工程的亮点。

第二，行业认可度高。华美热电二期工程相关子项目获得"中国电力行业优质工程奖""国家优质工程奖"。淮海大数据通过中国质量认证中心数据中心场地基础设施评价增强级认证，同时还获得中国移动钻石五星级数据中心认证。

第三，借鉴意义强。本项目作为矿区转型的典范案例，成功助力老工业基地振兴，具备一定可复制性。同时，本项目也为资源枯竭型企业转型发展提供了可借鉴样本。

案例3：广东省佛山市佛山创意产业园项目

本项目盘活的存量资产为广东奇正电气公司的旧厂房，原建筑面积约8万平方米，空置率高达80%。2007年，佛山创意产业园成立后，以低效资产提升价值为主、改扩建相结合的方式对原旧工厂、旧物业资产进行系统盘活。本项目具有以下特点。

第一，盘活效果好。盘活后，园区建筑面积扩大了接近3倍，占地面积扩大了2倍。企业数量倍增，园区入驻企业增长了8倍。解决就业人数增长了100多倍，园区从200多名蓝领变成了21 000名白领常驻办公。入园企业拥有的商标、专利等知识产权数量从10项发展到现在的35 000项。日均人流由改造前的日均200人次，到如今日均6万人次。租金等收入平均上升6倍以上，每年向当地政府缴纳的税收增长了200多倍。

第二，示范意义强。在15年的建设运营过程中，佛山创意产业园采用自有资金、社会资金累计向园区投入资金超过12亿元，采用委托运营、工程总承包＋运营（EPC+O）等模式盘活存量资产，可复制推广性强。

第三，所获荣誉多。园区先后获得国家省市各种荣誉称号68项，包括"国家级夜间文旅消费集聚区""国家级科技企业孵化器""国家级众创空间""国家3A级旅游景区"等。

案例4：北京市平谷区联东集团盘活闲置土地资产项目

本项目盘活的存量资产为北京市平谷区兴谷开发区内一宗闲置多年的工业用地。2021年1月，联东集团通过司法拍卖方式获得该块土地，明确了产业招商方向，盘活闲置土地资产。目前项目一期正在建设中。本项目具有以下特点。

第一，多种方式降低盘活成本。在本项目盘活过程中，企业与政府积极沟通，通过保留工业用地性质降低投资运营成本、明确税费主体维护合法权益、多部门联动解决资产发票问题、出台配套方案提供政策支撑等方式，系统性提高盘活工作效率，降低盘活成本，提升社会资本参与积极性。

第二，助力构建产业创新服务体系。项目规划建筑面积约9万平方米，计划投资额约5亿元，充分利用联东集团在战略性新兴产业导入、园区运营、企业加速等方面的专业优势，构建创新、创业、创造的服务平台，扶持企业初创、加速和发展，提升区域产业综合实力。

第三，带动地方经济发展和税收增长。通过打造具备生产、研发、产品试验、产品展示区等多功能的产业综合体，将为平谷区引进高新技术企业20～30家，园区投产后5年内预计实现年纳税1亿元。

第五章　加大盘活存量资产政策支持力度

第一节　完善规划和用地用海政策

自然资源是指自然界中人类可以直接获得用于生产和生活的物质，是现代经济社会发展的物质基础。经济增长、社会发展离不开自然资源，自然资源又有数量有限、分布不平衡等特点，因此在不同时期制定不同的自然资源阶段性政策，是我国自然资源管理工作重点之一。为贯彻落实党中央的决策部署和国务院稳住经济的措施要求，在严格落实耕地保护制度、节约集约用地制度和生态环境保护制度，守住法律底线和资源安全红线的前提下，2022年8月2日，自然资源部下发了自然资发〔2022〕129号《自然资源部关于积极做好用地用海要素保障的通知》（以下简称《通知》）。《通知》涉及国土空间规划、土地计划指标、用地用海审批、耕地和永久基本农田保护、节约集约用地、土地供应等7个方面26条，我们应当在以下方面做好工作。

一、明确在国土空间规划批准前过渡期的规划依据，进一步明晰用地计划指标配置规则

（一）明确过渡期建设项目用地用海审查的规划依据，用好"三区三线"划定成果

根据《通知》，在国土空间规划批复前，经依法批准的土地利用总体规划、城乡规划、海洋功能区划继续执行，作为建设项目用地用海审查的规划依据；"三区三线"划定成果经批准并纳入国土空间规划"一张图"后，将作为建设项目用地用海组卷报批的依据。建设项目用地如果涉及生态保护红线，用地审批时附省级人民政府符合允许有限人为活动的意见。国家重大项目确需占用生态保护红线的，应附省级人民政府出具的不可避让论证意见，报国务院批准。

国土空间规划是指将主体功能区规划、土地利用规划、城乡规划等空间规划融为一体；"三区三线"实质是根据城镇空间、农业空间、生态空间三种类型的空间，分别对应划定的城镇开发边界、永久基本农田保护红线、生态保护红线三条控制线。"三区"是国土空间功能分区和用途分类的基础，"三线"是国土空间的边界管控，对国土空间提出强制性约束要求。

根据《土地管理法》的规定，"经依法批准的国土空间规划是各类开发、保护、建设活动的基本依据"。强化国土空间规划对各专项规划的指导约束作用，是党中央、国务院做出的重大部署。明确在国土空间规划批准前、过渡期建设项目用地用海审查的规划依据，对推进建设项目顺利审批有重要意义。

（二）强化用地计划指标保障，继续实施增存挂钩

目前我国城乡建设用地实行"增存挂钩机制"，将新增建设用地计划指标分配与存量建设用地消化相挂钩。主要目的是通过新增建设用地计划

指标分配促进存量建设用地消化，提高土地集约利用水平。

《通知》明确了纳入重点项目清单的建设项目，由自然资源部直接配置计划指标；未纳入清单的单独选址项目用地和城镇村批次用地继续实行增存挂钩，可预支使用当年指标，也可结转使用前3年度节余指标。

二、要简化、优化建设项目规划用地审批程序

（一）取消特定项目用地预审程序，简化用地预审流程

自然资源部在《通知》中，缩小了用地预审范围，取消了5种情形下的用地预审办理，其中涉及矿产资源开发的有："探采合一"和"探转采"油气类及钻井配套设施建设用地；具备直接出让采矿权条件、能够明确具体用地范围的采矿用地；露天煤矿接续用地。

（二）支持国家重大项目先行用地，允许分期分段报批用地

支持国家重大项目中，控制工期的单体工程和因工期紧或受季节影响确需动工建设的其他工程申请办理先行用地。对于确需分期建设的项目，可根据可行性研究报告确定的方案或可行性研究批复中明确的分期建设内容，分期申请建设用地。

（三）落实临时用地政策

《通知》规定，建设周期较长的能源、交通、水利等基础设施建设项目施工使用的临时用地，期限不超过4年。明确对于直接服务于铁路工程施工的制梁场、拌和站，需临时使用土地，业主单位签订复垦承诺书，确保能恢复种植条件的，可以占用耕地。

（四）规范调整用地审批程序，简化规划许可申请材料与程序

《通知》规定，线性工程建设过程中因地质灾害、文物保护等因素需

调整用地范围的，经审批部门同意后，可申请调整农用地转用和土地征收。核发统一的建设项目用地预审与选址意见书，简化办理建设用地规划许可、建设工程规划许可、乡村建设规划许可。

三、明确建设项目占用耕地和永久基本农田相关政策、优化土地供应，落实节约集约用地的理念

本次《通知》中再次强调了要严格占用永久基本农田的重大建设项目范围，并对项目范围进行了列举，对党中央、国务院及国务院推进有效投资重要项目工作协调机制确定的国家重大建设项目，允许以承诺方式落实耕地占补平衡，支持各地方根据自身农业结构调整，扩大补充耕地来源，同时仍要统筹落实永久基本农田补划。

另外，《通知》对用海用岛项目，针对性提出了对暂不具备受理条件的项目提出先行开展用海用岛论证专家评审等技术审查工作，对报国务院批准用海的海底电缆管道项目提出施工申请和用海申请一并提交审查，精简技术评估报告，项目用海与填海项目竣工海域使用验收一并审查，允许特殊原因导致的临时用海活动续期一次，简化无居民海岛的公益设施用岛审批等。

土地政策是一个国家的根本政策之一，而建设项目用地是土地政策中重要的一环，事关地方乃至国家的经济发展。近年来，随着社会经济发展及生态文明体制改革的不断推进，建设项目用海用岛问题也愈发突出。因此，优化完善建设项目用地用海用岛政策，对相关建设单位、投资人乃至国家都有着重要意义。

第二节　落实财税金融政策

一、落实增值税留抵退税政策

根据《财政部税务总局关于扩大全额退还增值税留抵退税政策行业范围的公告》(财政部税务总局公告2022年第21号)规定,目前的留抵退税政策适用于"制造业""科学研究和技术服务业""电力、热力、燃气及水生产和供应业""软件和信息技术服务业""生态保护和环境治理业""交通运输、仓储和邮政业""批发和零售业""农、林、牧、渔业""住宿和餐饮业""居民服务、修理和其他服务业""教育""卫生和社会工作"和"文化、体育和娱乐业"等13大行业。

留抵退税就是把增值税期末未抵扣完的税额退还给纳税人。增值税实行链条抵扣机制,以纳税人当期销项税额抵扣进项税额后的余额为应纳税额。其中,销项税额是指按照销售额和适用税率计算的增值税额;进项税额是指购进原材料等所负担的增值税额。当进项税额大于销项税额时,未抵扣完的进项税额会形成留抵税额。

留抵税额主要是纳税人进项税额和销项税额在时间上不一致造成的,如集中采购原材料和存货,尚未全部实现销售;投资期间没有收入等。此外,在多档税率并存的情况下,销售适用税率低于进项适用税率,也会形成留抵税额。

国际上对于留抵税额一般有两种处理方式:允许纳税人结转下期继续抵扣或申请当期退还。同时,允许退还的国家或地区,也会相应设置较为严格的退税条件,如留抵税额必须达到一定数额;每年或一段时期内只能申请一次退税;只允许特定行业申请退税等。

2019年以来,我国逐步建立了增值税增量留抵退税制度。2022年,我国完善增值税留抵退税制度，优化征缴退流程，对留抵税额实行大规模退税，把纳税人今后才可继续抵扣的进项税额予以提前返还。优先安排小微企业，对小微企业的存量留抵税额于6月底前一次性全部退还，增量留抵税额足额退还。重点支持制造业，全面解决制造业、科研和技术服务、生态环保、电力燃气、交通运输、软件和信息技术服务等行业留抵退税问题。通过提前返还尚未抵扣的税款，直接为市场主体提供现金流约1.5万亿元，增加企业现金流，缓解资金回笼压力，不但有助于提升企业发展信心，激发市场主体活力，还能够促进消费投资，支持实体经济高质量发展，推动产业转型升级和结构优化。

近年的留抵退税新政有三大特点：一是聚焦"小微企业和重点支持行业"；二是"增量留抵和存量留抵"并退；三是"制度性、一次性和阶段性"安排并举。具体来说，新政主要包括两大类：一是小微企业留抵退税政策，即在2022年对所有行业符合条件的小微企业，一次性退还存量留抵税额，并按月退还增量留抵税额；二是制造业等行业留抵退税政策，对"制造业""科学研究和技术服务业""电力、热力、燃气及水生产和供应业""交通运输、仓储和邮政业""软件和信息技术服务业""生态保护和环境治理业"6个行业符合条件的企业，一次性退还存量留抵税额，并按月全额退还增量留抵税额。

二、加快财政资金支出进度

及时下达中央、市级补助资金，加快预算执行。加快拨付政府专项债券资金，对项目资金进行全过程、穿透式管理。盘活存量资金，统筹结余结转资金使用。建立用款计划、预算执行进度考核通报制度，强化财政支出预算执行管理。

要切实加快财政支出进度，不能只着眼于解决预算执行缓慢问题，而需要从预算编制、预算执行、预算监督和绩效评估等多个环节发力。

守正预算编制原则，夯实财政支出基础。加快财政支出进度，必须从预算管理的首个环节，即预算编制上下功夫。随着零基预算改革在我国的逐步推进，预算编制不再倚重历史支出数据，而是根据实际情况和合理需求来编制预算，力求科学谋划，统筹安排，做到早、细、准，使财政资金充分发挥效能。

"早"，指的是预算决策和编制需求提早准备，应急财政早做打算。预算决策准备阶段的核心是根据年度经济发展趋势预测可能的财政收入，根据国家宏观调控政策和服务社会经济发展的需要，寻求财政支出在保障和发展上的合理分配和支持重点。我国现行的零基预算"需要优先"是基础。其科学性在于合理准确的支出需求与可能的财力匹配后产生的资金高效。所以应当提前部署，充分收集各类支出需求，根据财力的对比分析，对支出的必要性做出评判并合理安排，对大项支出特别是项目支出进行充分的评比论证和筛选。超过一定资金规模、项目复杂、论证和评审时间长的项目，由项目执行部门和预算管理部门共同准备，提早规划，预先论证和评估。另外，对于可能出现的突发性事件，要真正坐实财政应急预案，提足准备金，备好应急救援物资。

"细"，指的是细化预算编制，避免随意更改。细化预算编制是新预算法明确的预算编制原则。精细的预算草案是提高预算效率的基础。收入预算的编制要以税务等征收单位下年度预算收入的预测为参照，拟定的收入预算应当征求税务等赋有预算征收职能单位和部门的意见，预算支出标准的确定要充分考虑当地的经济社会发展水平、财力状况，编列到项、到款的支出要尽量细化具体内容。在预算编制过程中，要对可能的支出做出尽可能细致周全的安排。全国人大通过的预算具有法律效力。中央主管部门出台某项新政策需要地方提供配套资金时，要对不同地方财力有清晰的认识，特别是要充分考虑预算是以年度为周期，要给予地方政府一定时间，减少预算调整，避免"中央请客，地方买单"的现象，避免对地方财力的过度占用。各级各部门在做新项目决策前，需预先考虑到财政预算安排主要是以年度为单位，本年预算在国家政策方向和上级要求下，根据本地具体情况和实际财力做了精心安排,得到了本级人大的批准。在预算通过后,不能临时拍脑袋定项目,让财政部门临时调整预算。如果确需安排的项目,可以考虑在未来年度或者一定范围内进行合理安排。

"准",指的是预算安排方向性要精准。财政预算不仅仅是政府的支出计划,更是政府实现政策目标的重要经济工具。这就要求预算部门要对未来一段时间经济工作重点和方向心中有数,要对上级政府对本区域或本部门未来规划方向有把握。中央为下一年度经济工作定调之后,各级各部门政府需要尽早找方向、定节奏、快布置。下级单位提早与上级政府进行充分的预算决策沟通,让预算编制与上级政府要求相一致,把钱真正花在刀刃上,确保预算安排方向和重点的准确性。

创新体制机制,推进财政预算执行进度。预算执行的把握上,要合理推进资金使用进度,不让资金长期白白趴在账上,造成资金的浪费。财政预算单位要积极调研,分析本地在预算执行中切实存在的困难,对症下药。

三、降低市场主体经营成本

我国的国有经济体制改革不断深化,国有经济管理体制已经基本建立,我国国有资产的竞争力和影响力显著提升。但是国有企业在管理资产方面仍存在一些问题,造成部分国有资产流失。随着国有企业改革不断推进,资产管理的作用越来越重要,但是改革永远在路上,新形势下的资产管理对国有企业意识、制度、监管及信息化等方面具有较高的要求。资产管理是企业经营发展过程中必不可少的手段,不仅能降低企业经营成本,增强企业资产实力,还有效保证了国有资产的安全与完整,因此需要企业根据管理现状,对资产管理相关标准和工作流程进行持续优化与完善,以达到管理的目标。

第一,降低企业购置生产原材料所需变动成本是降低成本的重要有效途径。在工业企业中,原材料所占成本一般占整个成本的50%—70%。

降低原材料采购成本意义重大。如企业可以从创新采购模式入手，组织管理团队充分了解市场信息，把紧物资入口关，减少人为因素，采取公开"招议标"等办法，建立供应商的竞争机制，从而实现物美价廉的原材料采购；企业也可以大胆创新，尝试采取替代性原材料的方式，在达到生产要求与产品质量的情况下，用其他更为廉价的材料替代目前使用的材料，从根本上降价原材料价格。

第二，加强财务管理，在经营模式上寻求突破。可以在资金管理中做文章，通过资金的高效运转，达到降低运营成本的目的。计划经济时代，企业对公司理财、资金成本、资金运作等比较陌生，随着市场经济的初步确立，企业不仅是生产主体，还是经营主体，这就迫使企业的经营管理者必须转变观念，突出财务管理，一切工作以经济效益为中心，将财务管理渗透到生产经营的全过程。同时，国有企业负债率仍普遍较高，企业还贷压力大，企业可以充分利用国家调低贷款利率的机会，筹集短期资金，用于归还逾期和高息贷款，或提前归还长期贷款，打利率差、时间差，以减少财务费用。

第三，大力推进技术创新与技术改造。科学是第一生产力，通过技术革新，以先进的生产方式进行生产，将使企业劳动生产率大幅提高。在技术革新与改造过程中，企业应充分发动全体员工的聪明才智，鼓励员工提合理化建议，对生产流程与生产设备进行一次全面梳理与优化，通过可靠的支出与收益专家论证，改进落后的生产方式，升级高耗能、效率低下的生产设备，提高企业的技术实力和竞争力。

第四，从加强员工宣传教育入手，建立节约型的企业文化，改变员工一贯的大手大脚的作风。人是企业发展的决定因素，特别是国有企业，由于员工在思想观念上还不能与市场经济很好地接轨，一些国有企业当中长明灯、长流水等现象见惯不怪，生产过程原料浪费严重，企业资源利用率低下，单位产品能耗高。如果通过宣传教育，使员工树立良好的节约意识，养成科学生产的习惯，将会对企业降低成本起到非常好的助推作用。

降低成本是企业经营管理永恒的主题，成本管理出色的企业在市场经济中才具备竞争力。随着社会的发展和经济技术环境的不断变化，关于成本管理的思路、方法和途径也在不断发展和深化。在经济危机中，何种方式降低成本最为迅速快捷，还必须考虑企业实际情况，不能生搬硬套，必须对症下药。而当前的经济危机则是一把双刃剑，既会淹没那些成本管理不善的企业，又能促使企业将成本管理思想的精髓发挥到极致。

四、强化金融财政支持

加大普惠金融支持，搜集企业融资需求，建立问题数据库，引导驻区银行用好央行再贷款、再贴现等优惠政策。搭建银企互动交流平台，开展"金融惠企园区行"系列活动。加强与中小企业担保中心合作，发挥区内融资性担保公司作用，用足知识产权质押融资补贴政策和风险补偿资金池，解决企业融资难题。联合各产业基金、各产业投资基金。发挥基金作用，提供针对性金融服务，支持产业链、创新链发展。加强与监管部门和交易所沟通，联合地区柜台交易市场，"一企一策"协调解决企业在股改、挂牌和上市过程中的问题。企业可通过相关APP、自助机、窗口等多种渠道申领发票。预算单位政府采购向中小企业倾斜，面向小微企业价格扣除比例提高至10%～20%。加大非预留项目对小微企业价格评审优惠力度，提升中小企业中标率。

五、加大援企稳岗促就业力度

摸排劳动力底数和企业用工需求，匹配岗位信息，精准就业帮扶。开展"公共就业服务进校园活动""百日千万招聘活动"，联合教育园区院校就业联盟、各大学等，通过招聘会、职业指导、政策宣讲等形式，促进毕业生尽早实现就业创业。开展失业青年、残疾人、零就业家庭成员、低保家庭成员等重点群体就业帮扶，组织物业、养老、家政等企业进社区送岗位。推进特困行业实施阶段性缓缴企业保险费，落实失业保险稳岗返还政策。

六、做好虚开骗税风险防范

以"信用+风险"为基础,以税收大数据为依托,以执法服务监管"一体式""一户式"机制为支撑,组建风险防控队伍,通过指标监控、数据赋能,加强留抵退税政策事前事中风险预警,完善事后风险管理,盘清企业划型账、行业认定账、纳税信用账、风险指标账,构建一体化风险防控机制,严厉打击骗税行为。

第三节　完善国有金融资本管理

以习近平新时代中国特色社会主义思想为指导,全面贯彻党的二十大,以及十九大和十九届二中、三中、四中、五中全会及全国金融工作会议精神,以依法保护各类产权为前提,以尊重市场经济规律和企业发展规律为原则,以服务实体经济、防控金融风险、深化金融改革为导向,加强国有金融机构党的领导和党的建设,提高国有金融资本效益和国有金融机构活力、竞争力和可持续发展能力,为保障我国金融安全稳定、促进经济社会持续健康发展提供有力支撑。

一、加强国有金融资本集中统一管理

国有金融资本是指全国各级政府及其授权投资主体直接或间接对金融机构出资所形成的资本和应享有的权益。凭借全国各级政府权力和信用支持的金融机构所形成的资本和应享有的权益,纳入国有金融资本管理,法律另有规定的除外。以上所称金融机构包括依法设立的获得金融业务许可证的各类金融企业、金融控股公司、金融投资运营公司及金融基础设施等实质性开展金融业务的其他企业或机构。

各级政府依照法律法规,分别代表国家履行国有金融资本出资人职责,并授权同级财政部门集中统一履行国有金融资本出资人职责。根据统

一规制、分级管理的原则,各级财政部门分别履行本级国有金融资本管理职责,负责组织实施基础管理、经营预算、绩效考核、负责人薪酬管理等工作,并对同级政府及其部门出资的金融机构依法依规享有参与重大决策、选择管理者、享有收益等出资人权利。

国有实体企业投资入股金融机构的,依法行使具体股东职责,执行统一的国有金融资本管理制度,由财政部门会同国有资产监督管理机构抓好落实。各级财政部门根据需要,可以分级分类委托其他部门、机构管理国有金融资本。采取委托管理的,财政部门履行出资人职责的身份不变、产权管理责任不变、执行统一规制不变、全口径报告职责不变。

二、优化国有金融资本配置格局

适应全国经济发展需要,合理调整国有金融资本在银行、证券、保险、信托、担保等行业的比重,提高资本配置效率。对于政策性金融机构,保持国有独资或全资的性质;对于关系全国金融安全稳定、在区域或行业中具有重要影响的国有金融机构,保持国有金融资本足够控制力和主导作用;对于处于竞争领域的其他国有金融机构,积极引入各类资本,国有金融资本可以绝对控股、相对控股,也可以参股。推动国有金融机构回归本源、专注主业。严格规范金融综合经营,依法合规开展股权投资,严禁国有金融企业凭借资金优势控制非金融企业。规范产融结合,按照金融行业准入条件,严格限制和规范非金融企业投资参股国有金融企业,参股资金必须使用自有资金。

三、以管资本为主加强资产管理

各级财政部门应当准确把握自身职责定位,科学界定出资人管理边界,按照相关法律法规,逐步建立管理权力和责任清单。遵循实质重于形式的原则,以公司治理为基础,以产权监管为手段,对国有金融机构股权出资实施资本穿透管理,防止出现内部人控制。按照市场经济理念,积极发挥国有金融资本投资、运营公司作用，着力创新管理方式和手段。强化落实分级管理责任，市财政部门依法依规履行市管金融企业国有资产监管职责，各区财政部门分别履行本级金融企业国有资产监管职责。加强国有金融资本投向等宏观政策执行情况监督，形成以管资本为主的国有资产监管体制。

四、健全国有金融资本基础管理制度

严格执行产权登记、产权评估、产权转让等管理制度，做好国有金融资本清产核资、资本金权属界定、统计分析等工作。对占有和使用国有资本的金融机构进行产权登记。加强金融企业国有产权流转管理，及时、全面、准确反映国有金融资本产权变动情况。规范国有金融机构设立、改制重组、增资扩股、合并分立、无偿划转、上市发行等国有股权变动和确认行为。建立健全国有金融资金市场化退出机制。国有金融资本情况要全口径向本级党委、政府工作报告，并按规定向本级人大常委会报告国有金融资产管理情况，具体报告责任由本级财政部门承担。

五、强化国有金融资本经营预算管理

加强金融机构国有资本收支管理，督促国有金融机构执行国有金融资本经营预算管理制度，合理确定国有金融机构利润上缴比例，平衡好分红和资本补充。结合全国国有金融资本布局需要，不断优化国有金融资本经营预算支出结构，主要用于相关改革成本支出、资本金注入和按规定调入一般公共预算等。逐步推进国有金融资本经营预算编制工作及预算执行的监管工作，加强对国有金融资本经营预算的审计监督。国有金融资本经营预算决算依法接受本级人大及其常委会的审查监督。

六、加强国有金融资本经营绩效考核和薪酬管理

合理确定差异化考核标准，实行分类考核，突出考核重点，综合反

映国有金融机构资产运营水平和社会贡献。对于主要承担党委和政府重大战略或专项任务的政策性国有金融机构，重点考核其所承担任务完成情况；对于弥补市场不足、具有准公共产品属性的地方政策性国有金融机构，重点考核支农支小作用发挥情况，降低对利润的考核；对于处于竞争领域的国有金融机构，重点考核风险控制、依法依规经营、投资回报、国有资本保值增值能力。加强绩效考核结果运用，建立考核结果与企业负责人履职尽责情况、员工薪酬水平相挂钩的奖惩联动机制。对国有金融机构领导人员实行与选任方式相匹配、与企业功能性质相适应、与绩效考核相挂钩的差异化薪酬分配办法。对党委、政府及相关机构任命的国有金融机构领导人员，合理确定基本年薪、绩效年薪和任期激励收入。对市场化选聘的职业经理人，实行市场化薪酬分配机制。

七、防范国有金融资本流失

强化国有金融资本内外部监督，严格股东资质和资金来源审查，加快形成全面覆盖、制约有力的监督体系。坚持出资人管理和监督的有机统一，强化出资人监督，动态监测国有金融资本运营。加强对国有金融资本重大布局调整、产权流转和境外投资的监督。加强金融机构和金融管理部门财政财务监管。强化国有金融机构防范风险的主体责任，推动国有金融机构细化完善内控体系，严守财务会计规则和金融监管要求。财政部门应督促国有金融机构坚持审慎合规经营，强化风险防控，除履行出资人职责外，不得干预其正常经营活动。加强审计、评估等外部监督和社会公众监督，依法依规、及时准确披露国有金融机构经营状况，提升国有金融资本运营透明度。

八、健全公司法人治理结构

规范股东（大）会、董事会、监事会与经营管理层关系，健全国有金融机构授权经营体系，出资人依法履行职责。推进董事会建设，完善决策机制。按照市场监管与出资人职责相分离的原则，理顺国有金融机构管理体制。建立董事会与管理层制衡机制，规范董事长、总经理（总裁、行长）履职行为。建立健全权责对等、运转协调、有效制衡的国有金融机构决策执行监督机制，充分发挥股东（大）会的权力机构作用、董事会的决策机构作用、监事会的监督机构作用、高级管理层的执行机构作用、党委（党组）的领导作用。推动具备条件的国有金融机构整体改制上市。根据不同金融机构的功能定位，逐步调整国有股权比例，形成股权结构多元、股东行为规范、内部约束有效、运行高效灵活的经营机制。

九、加强党对国有金融机构的领导

充分发挥党委（党组）的领导作用，坚持党的建设与国有金融机构改革同步谋划、党的组织及工作机构同步设置、党委（党组）负责人及党务工作人员同步配备、党建工作同步开展。国有金融机构党委（党组）把方向、管大局、保落实，重点管政治方向、领导班子、基本制度、重大决策和党的建设，切实承担好、落实好从严管党治党责任。把加强党的领导和完善公司治理统一起来，将党建工作总体要求纳入国有金融机构章程，明确国有金融机构党委（党组）在公司治理结构中的法定地位。完善"双向进入、交叉任职"的领导体制，全面推行党委（党组）书记、董事长由一人担任。规范党委（党组）参与重大决策的内容和程序规则，把党委（党组）会议研究讨论作为董事会、经理层决策重大问题的前置程序。具有人财物重大事项决策权且不设党委的独立法人企业的党支部（党总支），一般由党员负责人担任书记和委员，由党支部（党总支）对企业重大事项进行集体研究把关。切实落实全面从严治党"两个责任"，加强党性教育、法治教育、警示教育，引导国有金融机构领导人员正确履职行权。规范金融管理部门工作人员到金融机构从业行为，限制金融管理部门工作人员离职后到原任职务管辖业务范围内的金融机构、原工作业务直接相关的金融机构工作，规范国有金融机构工作人员离职后到与原工作业务相关单位从业行为，完善国有金融管理部门和国有金融机构工作人员任职回避制度。加强纪检监察、巡视监督和日常监管，严格落实中央八项规定精神及贯彻落实办法，深入推进党风廉政建设和反腐败斗争。

十、进一步加强领导班子和人才队伍建设

坚持党管干部原则，坚持好干部标准，建设高素质领导班子。按照对党忠诚、勇于创新、治企有方、兴企有为、清正廉洁的要求，选优配强国有金融机构一把手，认真落实"一岗双责"。加强对国有金融机构领导人员的管理，根据不同机构类别和层级，实行不同的选人用人方式。把党委（党组）领导与董事会依法选聘管理层、管理层依法行使用人权有机结合起来，加大市场化选聘力度，推行职业经理人制度。健全领导班子考核制度，财政部门要将经营绩效考核情况及时通报组织部门，作为领导班子考核的重要参考。制订金融高端人才计划，培养德才兼备的优秀管理人员。

十一、强化部门协同推进和责任落实

各区各部门各单位要统一思想认识，密切协作配合，切实履职尽责，确保中共中央、国务院关于完善国有金融资本管理的重大决策部署落到实处。履行国有金融资本出资人职责的机构要与人民银行、金融监管部门、国有资产监管部门加强沟通协调和信息共享，形成工作合力。推进各级政府授权同级财政部门集中统一履行国有金融资本出资人职责。建立健全全国国有金融资本管理制度机制，全面优化国有金融资本战略布局，理顺管理体制，切实增强国有金融机构的活力与控制力。

十二、严格责任追究

建立健全国有金融机构重大决策失误和失职、渎职责任追究倒查机制，严厉查处侵吞、贪污、输送、挥霍国有金融资本的行为。建立健全国

有金融资本管理的监督问责机制，对形成风险没有发现的失职行为，对发现风险没有及时提示和处置的渎职行为，加大惩戒力度。对重大违法违纪问题敷衍不追、隐匿不报、查处不力的，严格追究有关部门和相关人员责任，构成犯罪的，坚决依法追究刑事责任。

第四节 其他举措

本节以苏州成功经验为例来阐述。

一、强化资产运营管理，实现存量资产挖潜增效

根据企业实物资产分布和使用状况，落实存量资产规范管理和运营。尤其对陈旧、低效、闲置资产深挖价值潜能和价值再造，不断探索创新管理模式。

（一）升级性改造，以适应市场需求为目标焕发存量资产新活力

针对历史上遗留的大量老、旧房产管理成本大、收益不高的问题，通过对存量资产进行升级改造，实现价值重塑。例如苏州创元集团通过对一批闲置厂房（如原洗衣机厂、互感器厂、塑料一厂、长城电器厂等）进行基础设施及整体环境改造提升，引进科技、研发、文创产业，先后建成了国家级科技企业孵化器、众创空间、文化创意产业园等一批现代创新创业服务载体和现代文化产业基地，助推了区域经济发展，实现了工业老厂房的靓丽转身。

（二）市场化运作，以存量房改造进军住房租赁产业蓝海

顺应国家鼓励发展壮大住房租赁市场的政策，抢抓住房租赁市场发展机遇，为苏州招智引才，打造舒心创业和生活环境贡献国资力量。如苏州保障房公司成立住房租赁公司，转化未利用的定销房为租赁住房，优

先保障政策性、引进人才等住房租赁需求。截至2020年4月底出租率逾90%。创元集团下属企业联发公司利用老旧物业项目改造升级成白领公寓，打造"欢寓"品牌，被政府相关部门列为同类型项目优秀示范点。

（三）精细化管理，以"边角"资源开发提高资源利用效率

推动资产管理精细化，注重对"边角"资源的开发利用。苏州新城投资公司在推进民生实事项目规划建设的同时，精心挖掘、精细运营城市"边角"资源，充分利用项目时间差，将待开发地块建成临时停车场，代管并升级改造11处绿化停车场，累计新增或改进1 200个停车位，既有效治理了过去城市"边角"管理无序、环境脏乱的问题，又解决了周边停车难问题，同时每年增加企业200多万元收入，实现了经济密度和民生温度的"双提升"，践行了国有企业的初心和使命。

（四）共赢型合作，以整体转让的方式盘活存量房产及土地

2013年起苏州国际发展集团和苏州文化旅游发展集团分别于高铁新城核心位置开发建设"相融大厦"和"天成时代商务广场"两处办公楼宇，并相继竣工验收。2018年两集团围绕主业调整优化集团资产结构，分别以项目公司整体转让形式，将两处资产转让给苏州高铁新城国资公司，一方面解决了相城区属公司发展空间问题，实现资产属地化高效管理，也使企业及时收回资金，有效缓解项目建设造成的资金压力。

（五）专业化运营，以委托管理方式提升资产效益

对业态有统一设计和规划的资产，在企业缺乏专业管理团队情况下，鼓励开展专业化招商经营或委托代理招租，实现专业化运营。苏州农发集团为更好地推进新民桥农贸市场等具有公益性质项目的市场化运营水平，探索出由下属农产品公司与社会专业管理团队成立国有控股合资公司，整体委托经营的新模式，提高了经营效率，形成可推广复制的"新民桥模

式"。苏州工业园区时尚舞台购物广场项目曾长期亏损，众多品牌接连撤场。2016年苏州营财投资集团受托管理时尚舞台项目，通过市场调研、形象重塑、引进知名品牌、提升消费体验等专业运营，至2019年共实现利润4 126万元，企业持续性发展得到了保障。

（六）证券化开发，以资产权益REITs产品为手段实现资产资本化

在国有企业去杠杆的政策环境下，有序开展企业资产证券化，盘活存量资产，降低企业资产负债率。2019年7月，苏州城投公司在上海证券交易所挂牌了"东吴—苏城1号天然气收费收益权资产支持专项计划"资产支持证券，首期发行规模17.35亿元，成为苏州市属国企首单资产证券化REITs产品。以未来收益权变现创新融资方式，拓宽了直接融资渠道，充分挖掘企业市场价值，从而优化金融资源配置，进一步支持重大项目建设及助力产业转型发展。

二、优化整合存量股权，实现存量股权盘活提质

积极推进企业重组，做强优势产业；通过核定主业，压缩管理层级，促使企业对投资实行扁平化管理；进行非主业项目梳理剥离和主业项目重组整合；开展混合所有制改革，引进社会资本转换经营机制。

（一）优化存量资本，做强优势产业

积极开展企业兼并重组，推进企业同类或类似资源整合，实现聚合效应和集约发展，做强优势产业。

2019年，按照市委、市政府统一决策部署，将市粮食集团整体、部分农贸市场划转苏州农发集团，市外办下属3家企业划转苏州国发集团，实现优势产业聚合发展。完成苏州苏嘉杭高速公路公司整体吸收合并苏州苏嘉甬高速公路公司，涉及资产逾100亿元，解决"一路一公司"模式下

的管理机构重叠设置、管理效率低、管理成本高等问题。苏州新城投资公司和市（区）国资公司完成对苏州综保通运国际货运代理有限公司重组，形成联动效应推进苏州中欧班列发展，服务全市参与"一带一路"全面开放新格局。将苏州丝绸发展公司股权、苏州工业投资发展公司清算结余资金、市电力基金净资产净额、美乐城实业公司股权等存量资源整合注入苏州创元集团，合计增资 7.1 亿元，壮大企业规模。

（二）退出低效股权，实现资产保值增值

督促企业从收益欠佳和持续亏损的投资项目中退出。在退出过程中，按照法治化和市场化的原则，规范履行各项程序，坚持市场化定价原则，促进国有资产流转和保值增值。

三、积极落实项目盘活条件

针对存量资产项目具体情况，分类落实各项盘活条件。对产权不明晰的项目，依法依规理顺产权关系，完成产权界定，加快办理相关产权登记。对项目前期工作手续不齐全的项目，按照有关规定补办相关手续，加快履行竣工验收、收费标准核定等程序。对项目盘活过程中遇到的难点问题，探索制定合理解决方案并积极推动落实。

四、有效提高项目收益水平

完善公共服务和公共产品价格动态调整机制，依法依规按程序合理调整污水处理收费标准，推动县级以上地方人民政府建立完善生活垃圾处理收费制度。建立健全与投融资体制相适应的水利工程水价形成机制，促进水资源节约利用和水利工程良性运行。对整体收益水平较低的存量资产项目，完善市场化运营机制，提高项目收益水平，支持开展资产重组，为盘活存量资产创造条件。研究通过资产合理组合等方式，将准公益性、经营性项目打包，提升资产吸引力。

第六章　用好回收资金有效投资和各类风险防范路径

第一节　用好回收资金增加有效投资

一、做好企业应收账款管理

（一）国有企业应收账款管理概述

1. 应收账款的内涵

应收账款是企业因为购买产品或者服务，在业务发生时不及时支付款项而产生的应收款项。在实际交易中，产生应收账款的原因很多，可能由于采购方的原因，如采购方资金紧张无法立刻支付；也可能是因为销售方的原因，如销售方想要提高销售量而给予购买方的优惠政策，根据他们的信用情况给予购买方一定时期的延迟支付等。

2. 国有企业应收账款管理的特殊性

国有企业应收账款具有自身的特殊性。首先，部分国有企业并非以盈利为目的，对于利润指标要求不高，没有业绩考核压力，因此应收账款管理松散；其次，由于国有企业性质的特殊，有的国企管理人没有私企管理人那种自身利益第一的观念，可能将延长应收账款的回收期限作为一种与其他企业人际交往的砝码，也会影响应收账款的管理；最后，由于国有企业的社会责任担当与使命，这也导致国有企业在应收账款的管理上具有一定的特殊性。

3. 国有企业加强应收账款管理的现实意义

（1）有利于国有企业的资金周转。应收账款有效管理有利于保证国有企业应收账款的及时性回收、保证对应客户的信用情况、保证分期收回资金比例的合理性，这些都直接或间接地影响着国有企业的现金流，有利于国有企业资金周转，为国有企业资金管理打下基础。

（2）有利于提升国有企业的市场竞争。应收账款的管理有利于树立国有企业的公信力和市场竞争力，让国有企业对应的客户意识到国有企业合同执行力度高，执行严格，减少拖欠、推迟支付合同款项的情况发生，从而提高销售人员、催收人员的工作效率，降低了后期的工作难度。同时有利于增加国有企业对客户的了解，明白客户的需求，帮助其改进销售方案，完善业务流程等。

（3）有利于国有企业的风险控制。应收账款的有效管理可以从销售业务的整个流程的各个风险点去进行把控，将风险控制在企业可接受的范围之内，如根据客户企业的实力确定分期付款首次支付比例等。良好的应收账款管理能增强企业活力，也有利于国有企业风险的控制。

（二）优化国有企业应收账款管理的对策建议

1. 树立国有企业应收账款管理意识

首先，增强企业管理层应收账款管理意识。领导重视应收账款的管理，下面职工才能重视。其次，增强客户信用管理意识，及时对客户的信用状况进行评级，调查客户的背景，在这个前提之下才能筛选优质客户，降低交易风险，减少坏账呆账的发生。最后，增强应收账款管理人员的变通意识，创新催收模式，根据不同客户的需求及企业性质设定不同的催收方式来提高应收账款的回收率。

2. 健全国有企业应收账款内控制度

第一，各级监督机关加大对内控制度的监督检查，督促国有企业建立内控制度。为什么很多国有企业不建立内控制度，更多的是没有相应的机关去检查考核其内控制度，没有监督就没有动力。

第二，加大投入培养高质量的审计人才，在日常业务活动中发现问题、关注问题、解决问题，这样可以更好地关注到内控制度应更新的地方并及时更新，由内而外地意识到内控制度的重要性，也可以节约企业成本。

第三，内控制度要以企业应收账款制度为基础，建立贴合实际的内控制度，并贯彻执行，这样才能起到防范规避风险的作用。

3. 提升应收账款管理人员素质

加强应收账款管理人员岗位意识培养，明确责任义务，增强他们的荣誉感及获得感可以更好地使催收人员投入催收工作中去。提升财务人员的综合素质也是一个非常关键的要素，财务人员虽然不能直接参与到经营中，但是通过数据分析，财务人员可以获得非常多的重要信息，一个高质量的财务人员，能为公司提出重要的经营策略，也可以拿出很多好的管理建议，促进企业的经营发展。管理层人员的能力决定了应收账款管理的质量，提升管理层的综合素质也是提升应收账款管理的有效途径，如经常参与各国企的经验交流会，多去业务部门了解情况，等等。

4. 完善应收账款催收激励制度

良好的应收账款催收激励制度有利于提高员工催收应收账款的积极性，增加催收人员的工作热情，提升职工对企业的满意度，使企业处于一个健康向上的状态。完善应收账款催收激励制度最基础的一点就是要使奖励与惩罚条件尽量对等，才能使职工在催收岗位上心理平衡，激发工作潜力，端正催收态度。

5. 健全应收账款呆坏账预警机制

完善应收账款管理制度，可以从多方面着手，其中包括健全国有企业应收账款呆账坏账预警机制。根据国有企业实际情况建立相应的呆账坏账预警机制，从责任划分、流程设置、风险管控等多方面在应收账款形成以后开始提示预警呆账坏账发生，及时了解掌握相关情况，做好提前的准备，规避经营风险。

6. 加强国有企业应收账款信息化管理

国有企业通过加强应收账款信息化的管理培训，从而全面运用现代信息技术，利用网络系统，自动处理业务，实现信息共享，以节省人力物力财力，减少人工处理、传递过程中产生的错误。这也对国有企业员工提出了更高的要求，在企业内部实现了优胜劣汰，促进员工不断提升自己，不断学习新的技能。

7. 严格执行国有企业应收账款制度

国有企业业务员在与客户订立合同时，就应与客户明确表明严格按照合同执行，坚持原则，在合同中明确法律责任，违约条款，并严格执行树立国有企业在客户心中的公信力，让他们明白国企有强大的法律后盾，一切依规矩办事。制定一些回款奖励政策，来鼓励客户尽早支付货款，促进现金流的健康流动。严格按照应收账款制度管理，给予国有企业管理层一定的权限，超出权限应由个人承担经济责任。

8. 加强国有企业合同管理

合同是明确双方责任义务的重要凭证，是业务后续执行的原始依据，在发生法律争议时是最直接的证据。加强合同管理意义重大，最直接的方式是合理配备专业法务人员，在合同订立时就降低经营风险，为企业争取更多有利的合同条款。建议企业增加对各部门合同管理员的法律培训，提高合同管理员对起草合同的重视。合同管理员首先要明确自己工作的重要性，它关系到合同中业务条款的关键环节。其次要加强法律培训，可以让外聘律师讲解合同起草应注意的问题，重要关注点在哪些地方，也可以购买相关法律课程，增强企业经营的法律意识。

9. 引导做好回收资金使用

（1）引导使用好回收资金。统筹管理安排盘活存量资产回收资金，除按规定用于本项目职工安置、税费缴纳、债务偿还等支出外，引导鼓励资本金注入等方式，确保主要用于项目建设。对债务率较高、财政收支平衡压力较大的地区，盘活存量公共资产回收的资金可适当用于"三保"支出及债务还本付息。充分考虑企业财务运行现状，对盘活资产属于政府债务和隐性债务对应资产的，确保回收资金优先足额偿还对应债务本息，提高资源资产使用效益，增加政府财力。回收资金使用应符合预算管理、国有资产监督管理等有关政策要求。

（2）精准有效支持新项目建设。鼓励盘活存量资产回收的资金优先投向综合交通和物流枢纽、环境基础设施、国家"十四五"规划重大项目,优先投入在建项目或符合相关规划和生态环保要求、前期工作成熟的项目。支持重点项目清单,加强服务推动,优化审批流程,完善配套政策支持,加快相关项目审批核准备案、规划选址、用地用海、环境影响评价、施工许可等前期工作手续办理。

(3)加强配套资金支持。对盘活存量资产回收资金投入的新项目,在同等条件下优先支持申报盘活存量资产中央预算内投资示范专项,鼓励社会资本通过多种方式参与盘活存量资产。发挥地方政府专项债券资金的拉动作用,对回收资金投入的新项目属于专项债券发行领域的,在申报工作及额度安排上予以支持。发挥重大项目融资对接长效机制作用,将盘活存量资产作为投融资合作对接重点内容,积极推介相关项目。围绕政策性、开发性等金融机构在交通、能源、城市基础设施建设等领域的支持政策,积极开展融资对接。

二、精准有效支持新项目建设

国务院办公厅《关于进一步盘活存量资产扩大有效投资的意见》提出,精准有效支持新项目建设。盘活存量资产回收资金拟投入新项目建设的,优先支持综合交通和物流枢纽、大型清洁能源基地、环境基础设施、"一老一小"等重点领域项目,重点支持"十四五"规划102项重大工程,优先投入在建项目或符合相关规划和生态环保要求、前期工作成熟的项目。有关部门应加快相关项目前期工作手续办理,促进项目尽快落地实施、形成实物工作量。

三、加强配套资金支持

将新项目作为开展投融资合作对接的重要内容,鼓励金融机构按照市场化原则加大对新项目配套融资支持力度,将各金融机构支持新项目建设情况纳入监管考核评价。用好引导社会资本参与盘活国有存量资产中央预算内投资示范专项,安排中央预算内投资、地方政府专项债券时,按规定支持使用回收资金投资的新项目,以及在盘活存量资产方面取得积极成效的项目单位。

第二节 严格落实各类风险防控举措

一、依法依规稳妥有序推进存量资产盘活

盘活存量资产过程中要严格落实防范化解地方政府隐性债务风险相关要求,严禁新增地方政府隐性债务。坚持市场化法治化原则,严格落实国有资产监督管理规定,做好财务审计、资产评估、决策审批等工作,除相关政策规定的情形外,应主要通过公共资源交易平台、证券交易所、产权交易所等公开透明渠道合理确定交易价格,严防国有资产流失。充分保障债权人的合法权益,避免在存量资产转让过程中出现债权悬空。牢牢守住稳定底线,多措并举做好职工安置,为盘活存量资产创造良好条件和氛围。对拟发行基础设施REITs的项目严格审核把关,确保符合国家重大战略、发展规划、产业政策、投资管理法规等相关要求,保障项目质量,防范市场风险。

二、发挥专业机构合规履职作用

严格落实法律、财务、评估、工程咨询等中介机构自律规则、执业标准和业务规范,推动中介机构等履职尽责,依法依规为盘活存量资产提供尽职调查、项目评估、财务和法律咨询等专业服务。积极培育为盘活存量资产服务的专业机构,提高专业化服务水平。对违反相关法律法规的中介机构依法追责。

三、保障基础设施稳健运营

对轨道交通、污水处理等公共属性较强的基础设施项目,在盘活存

量资产时应处理好项目公益性与经营性的关系，确保投资方在接手后引入或组建具备较强能力和丰富经验的基础设施运营管理机构，保持基础设施稳健运营，切实保障公共利益，防范化解潜在风险。推动基础设施REITs基金管理人与运营管理机构健全运营机制，更好地发挥原始权益人在项目运营管理中的专业作用，保障基金存续期间项目持续稳定运营。

第三节 建立国有企业调解合规机制

国有企业是推进国家现代化、保障人民共同利益的重要力量，是我们党和国家事业发展的重要物质基础和政治基础。国有企业加强内控建设、合规建设及逐步建立全面风险管理体系，做强做优做大国有企业，保障国有资产保值增值非常重要。总体而言，国有企业经营管理相对比较规范，但也存在诸多不足和需要改善的地方。由于国有资产管理职责及违规经营追责机制等多重影响，现实中很多国有企业对于调解解决纠纷方式比较排斥，往往以"国有企业难以调解"为由选择提交诉讼或仲裁法律程序解决争议，甚至演变为有纠纷必诉讼，穷尽法律程序才能安心，走完一审程序还需二审才能结案，甚至还要把再审程序走完。

实践中，国有企业通过调解方式解决争议的情形并非没有，如在劳动争议和知识产权领域，就有很多可供查阅的公开案例和法律文书。笔者认为，发挥调解解决争议功能同国有企业利益保护、国有资产保值增值并不是非此即彼的对立面，而是可以实现有机统一。我们需明确的问题是，调解是解决争议或纠纷的一种手段，是中性的理性的，调解也是建立在争议事实完整基础上结合利益诉求后、经综合评估后自愿达成解决争议的一种方式方法。调解解决争议有着诸多独特优势，有时候不仅不是利益的放弃，而是提高了维权有效度，真正实现双赢。笔者认为国有企业建立调解合规制度尤为重要，是多元化化解社会矛盾和纠纷机制不可缺少的内容，既重视和认可调解在解决纠纷中的功能和价值，又有利于形成完善的调解合规机制，维护国有企业利益，提高权利维护实效。

一、国有企业重视调解解决争议的必要性

（一）国家层面倡导建立多元化调解机制

2015年10月13日，党的十八届中央全面深化改革委员会第十七次会议审议通过了《关于完善矛盾纠纷多元化解机制的意见》；2016年6月29日，最高人民法院出台《关于人民法院进一步深化多元化纠纷解决机制改革的意见》。在具体专业领域，国家部委及相关部门联合发布了多个文件，鼓励完善多元化纠纷处理机制，肯定协商、调解解决矛盾的重要社会价值。

第一，根据《关于进一步深化法治央企建设的意见》（国资发法规〔2021〕80号）规定，加大法律纠纷案件处置力度，综合运用诉讼、仲裁、调解等多种手段妥善解决，探索建立集团内部纠纷调解机制。

第二，根据《关于加强知识产权纠纷调解工作的意见》（国知发保字〔2021〕27号）规定，到2025年，知识产权纠纷调解工作基本覆盖知识产权纠纷易发多发的重点区域和行业领域，建立组织健全、制度完善、规范高效的知识产权纠纷调解工作体系，形成人民调解、行政调解、行业性专业性调解、司法调解优势互补、有机衔接、协调联动的大调解工作格局，调解在知识产权纠纷多元化解中的基础性作用充分显现，影响力和公信力进一步增强。2021年10月29日，中国贸促会调解中心在北京发布《中国国际贸易促进委员会/中国国际商会调解中心知识产权争议调解规则》，成为我国首个面向解决涉外知识产权争议的商事调解规则。

第三，根据《关于进一步加强劳动人事争议调解仲裁完善多元处理机制的意见》（人力资源和社会保障部、中央社会管理综合治理委员会、最高人民法院、司法部、财政部、中华全国总工会、中华全国工商业联合会、中国企业联合会、中国企业家协会）（人社部发〔2017〕26号），

鼓励企业通过协商、调解、仲裁、诉讼等方式依法有效处理劳动人事争议，对于促进社会公平正义、维护劳动人事关系和谐与社会稳定具有重要意义。

为建立和谐有序劳资关系，国家层面也鼓励企业建立劳动人事争议调解机制，如《企业劳动争议协商调解规定》规定中型企业应当依法设立调解委员会，并配备专职或者兼职工作人员。有分公司、分店、分厂的企业，可以根据需要在分支机构设立调解委员会。总部调解委员会指导分支机构调解委员会开展劳动争议预防调解工作。调解委员会可以根据需要在车间、工段、班组设立调解小组。因此国有企业在劳动争议领域中重视调解作用极为必要，也符合国家层面政策精神。

（二）调解是法律认可的解决争议的方法，具有独特优势

国际交往中对调解解决争议也是极为重视的，2019年8月7日，中国签署《联合国关于调解所产生的国际和解协议公约》，联合国大会表示，调解在友好解决国际商事争议上具有独特价值，公约将补充现行国际调解法律制度，有助于发展和解的国家经济关系。调解具有独特优势如下。

（1）避免针锋相对，维护长远合作。

（2）调解员的专业本领和个人魅力可以促进争议的解决。

（3）调解为当事人节省时间和费用。

（4）调解为国家节约司法资源。

（5）调解达成的和解协议具有可执行性。

（6）调解的案由具有广泛性。

（7）调解具有较强的保密性。

（8）调解的程序具有较大的灵活性。

二、国有企业发挥调解解决争议的可行性条件

（一）多元化解矛盾法律依据逐渐丰富

第一，最高人民法院、中国人民银行、中国银行保险监督管理委员会印发《关于全面推进金融纠纷多元化解机制建设的意见》的通知（法发〔2019〕27号），规定了要建立完善金融纠纷调解组织，建立中立评估机制等。对于争议较大、具有典型性的金融纠纷，金融纠纷调解组织可聘请无利害关系的独立专家，基于对各方陈述及所提交证据材料的综合考量，作出建议性评估报告，供当事人参考。

第二，2021年11月24日，云南省审议通过《云南省矛盾纠纷多元化解条例》，该条例第二十八条规定："鼓励当事人就矛盾纠纷先行协商，自愿、公平达成和解协议。应当事人邀请，人大代表、政协委员、有关调解组织、基层群众性自治组织、当事人所在单位或者其他第三方可以参与协商，提供专业意见，促成和解。"第二十二条第一款规定："鼓励律师积极参与矛盾纠纷化解工作。在医疗纠纷、道路交通、劳动人事争议、消费者权益保护等领域可以根据需要设立律师调解组织。"

第三，《深圳经济特区矛盾纠纷多元化解条例（征求意见稿）》第十三条规定："鼓励当事人优先选择非诉讼方式化解矛盾纠纷。倡导矛盾纠纷的当事人在平等自愿、互谅互让的基础上协商和解。未能协商和解但适宜调解的矛盾纠纷，应当优先适用调解方式化解。"征求意见稿专章规定了调解，明确调解可以依据国际惯例、行业规则、交易习惯、村规民约、社区公约和善良风俗等进行，但不得违反法律、法规的强制性规定，分门别类规定了人民调解、商事调解、行政调解、行政复议及仲裁等案件情形，规定矛盾纠纷当事人可以委托具有专业评估能力的专家或者其他中立第三方评估机构，就争议事实认定、法律适用及处理结果进行评估。中立第三方评估机构，可以引导当事人达成和解协议，其作出的评估报告，

可以作为和解、调解的参考。经人民调解和人民法院特邀调解达成调解协议的可以进行司法确认。

第四,《黑龙江省社会矛盾纠纷多元化解条例》于2018年1月1日生效,系发布较早的一份地方性法规,该条例第二十五条规定:"调解纠纷应当适用法律、法规、政策,在不违背法律、法规、政策的情况下可以适用行业规范、习惯和村规民约。"第二十六条规定:"企业、事业单位与职工发生的劳动、人事争议可以通过本单位具有调解职能的组织进行调解,也可以到用人单位所在地的劳动人事争议调解组织或者人民调解组织进行调解。"第二十七条规定:"律师、法律工作者和有关专家,可以接受各方当事人的共同委托,对争议事实、法律依据和争议结果进行评估,提出纠纷化解途径的建议,评估意见可以作为协商、调解的参考依据。律师、法律工作者和有关专家,可以接受当事人单方委托,辅助或者代理其参与和解、调解。"

笔者认为,只有解决国有企业通过调解解决争议的法律依据和制度依据问题,才可以大大提高调解在国有企业争议解决中的作用和应用范围。这方面,上海依然走在了前列。2021年5月1日生效的《上海市促进多元化解矛盾纠纷条例》第五十八条规定:"鼓励国有企业通过和解、调解等方式化解矛盾纠纷,维护企业合法权益。国有企业达成的和解协议、调解协议应当按照规定程序决策和合法性审查。相关人员在和解、调解过程中勤勉尽责、未谋取私利的,出现结果未达预期效果或者造成一定损失的,不作负面评价。"在此之前,上海市国资委发布的《市国资委监管企业重大法律纠纷案件管理实施意见》第十五条第二款规定:"监管企业之间发生法律纠纷,鼓励双方主动协商,妥善处理或通过第三方调解、仲裁等方式解决。"第十九条规定:"企业应当根据案件实际情况,综合评估企业利益,经相关决策程序后通过调解、和解方式依法协调解决重大法律纠纷案件。必要时,可请律师事务所等第三方机构对调解和解方案出具专业意见。"上海作为长三角中心城市,地方立法也总能快速地回应实践发展之需要。上海地方性法规旗帜鲜明地就国有企业调解问题做出规定，给予国有企业建立调解合规制度直接的地方性法规依据。

（二）鼓励干部新时代新担当新作为

2018年5月20日，《中央办公厅关于进一步激励广大干部新时代新担当新作为的意见》，建立激励机制和容错纠错机制，鼓励广大干部新时代新担当新作为。切实为敢于担当的干部撑腰鼓劲。建立健全容错纠错机制，宽容干部在改革创新中的失误错误，把干部在推进改革中因缺乏经验、先行先试出现的失误错误，同明知故犯的违纪违法行为区分开来；把尚无明确限制的探索性试验中的失误错误，同明令禁止后依然我行我素的违纪违法行为区分开来；把为推动发展的无意过失，同为谋取私利的违纪违法行为区分开来。

（三）人民法院调解处理意见可以纳入民事调解书

《最高人民法院关于人民法院民事调解工作若干问题的规定》（2020年修正）第十四条规定："当事人就部分诉讼请求达成调解协议的，人民法院可以就此先行确认并制作调解书。当事人就主要诉讼请求达成调解协议，请求人民法院对未达成协议的诉讼请求提出处理意见并表示接受该处理结果的，人民法院的处理意见是调解协议的一部分内容，制作调解书的记入调解书。"从该条文看，对于有争议的地方不一定非要通过判决解决，人民法院对该争议事项提出处理意见并同意接受人民法院处理结果的，人民法院的调解处理意见构成调解协议的一部分，继而成为民事调解书的一部分。

人民法院在少数争议无法达成一致情况下可以依据双方主张在调解工作中明确表示法院处理意见，由各方按照法院处理意见申请调解成功率会大大提高。

三、建立国有企业调解合规机制的若干建议

笔者认为国有企业建立调解合规制度非常必要且重要。一方面发挥调解独特优势和争议解决功能，另一方面也规范调解过程中的决策流程，做到合法合规。综合上文分析并结合笔者实践认知，就建立国有企业调解合规制度提出如下若干建议。

（一）呼吁出台上位法

建议参照上海地方立法模式，本阶段可在地方性法规或地方国资监管层面出台鼓励国有企业调解解决争议的规定，对国有企业调解解决争议做出鼓励条款。基于此建议地方国资监管部门针对国资监管企业调解工作出具指导文件。在形成地方立法经验后，最终实现国家层面的立法，允许并鼓励国有企业采取和解调解方式解决争议。

（二）国有企业应建立调解合规制度体系

在上位法依据解决后，国有企业需根据上位法建立符合自身企业行业特点和经营情况的调解合规制度体系。一方面，可借鉴上海国企章程指引中的容错纠错设置，将其写入国有企业章程中；另一方面，制定具体公司调解管理制度，内容包括但不限于调解一般规定、调解原则、调解方式、调解组织选择、调解决策机制和流程、调解时限、调解结果报告、备案及监督举报内容等。例如，在调解原则中一定要明确合法性原则，尤其是要遵守国有企业诸多交易涉及评估、审计及进场交易等法规政策规定，防止调解无效情形发生。

（三）发布调解负面清单并设置分层决策安排

从充分发挥调解解决争议的独特优势角度，国资监管部门及国有企业可制定调解负面清单，如违反法律法规、国家政策及公序良俗的情形不

得调解；金融类纠纷本金不得豁免调解等，该清单定期进行动态调整。负面清单之外的均可以争取通过调解解决争议，同时根据争议纠纷类型、争议金额、争议主体类型及争议范围等设置不同决策层级，对于重大复杂争议的调解决策纳入重大决策体系。

（四）重视第三方专业机构在调解中的作用

从国家政策文件和公开的案例报告中都可以看到，充分发挥专业机构在调解中的作用是非常必要的。例如，由律师事务所就调解思路和方案出具独立法律意见，特别是借助争议法律分析、裁判预判风险及同类案裁判情况，可以有效帮助国有企业形成理性的调解方案，提高调解成功率；在技术性争议问题时可以引入第三方专业鉴定机构参与出具独立专业意见，可以有效提高调解规范性和调解水平。

（五）发挥人民法院在国企争议调解中的作用

人民法院可充分使用《最高人民法院关于人民法院民事调解工作若干问题的规定》第十四条之规定，在国企争议调解中言明法院处理意见，国有企业同意接受法院处理意见，谋求最大共识，如此一来针对少量争议部分可以通过调解处理意见代替裁判判决，国有企业还可依据人民法院调解意见进行内部申报并履行决策程序。

国有企业建立成熟的调解合规机制仍需要较长时间，一方面需要有明确法律和监管规定作为依据，彻底打消调解结案可能被追责的"心理障碍"；另一方面实务中调解工作的规范性和专业化水平还有待提高，需要不断学习借鉴国际商事调解成熟规则和流程，培养一批属于企业的调解人员，他们精通调解，掌握谈判规则，快速有效推进调解工作进行，真正维护国有企业切身利益。国有企业建立调解合规机制，可在争议解决方面更加具有伸缩性，继而防范特定情形下出现零和博弈的不确定损失结果。希望在不久的将来，越来越多的国有企业能够建立调解合规制度，不再以"我们不能调解"对待所有争议。

第七章　建立工作台账，强化组织保障措施

第一节　实行台账式管理

一、建好"资产管理台账"，构建全过程管理制度体系

通过出台资产管理办法等制度，形成国有资产配置、使用、处置、清查、报告全过程管理的制度体系。一是做到了配置上源头管控，规范资产配置，推进资产管理和预算管理衔接贯通、紧密结合；二是做到了使用上统筹盘活，严格落实过"紧日子"要求，摸清总量、严把增量、调配余量，不断提高财政资金使用效益；三是做到了处置上严防流失，强化了资产处置监督管理，对国有资产的处置和报废实行按权限审批、按规章处理、按程序操作的原则，确保国有资产不流失。

企业财务部门做好资产的核算管理工作，确保固定资产账面记录的真实完整。各部门应明确专人负责管理固定资产基础台账工作，分类设置

资产卡片，确保占有使用的每项资产及时入账，固定资产基础台账记录的内容应包括分类码、资产编号、名称、型号规格、计量单位、单价、数量、金额、取得日期、取得方式、使用部门、使用状况、存放地和保管人等。固定资产基础台账的记录分类按《吉林省事业单位国有资产清查系统》的固定资产分类标准设置，具体包括土地、房屋和建筑物、通用设备、专用设备、交通运输设备、电气设备、电子及通信设备、仪器仪表、文艺体育设备、图书文物及陈列品、家具及其他类。

二、建好"闲置资产台账"，全面盘活闲置资产

为加强闲置资产盘活利用，提高资产使用效益，全面清查资产现状，建立闲置资产台账，做到笔下有账，心中有数，账实统一。一是规范管理，合理配置。严格执行资产管理制度规定，规范资产配置和处置利用，坚持调剂为主，优化存量结构，合理保障需求；坚持高效利用，依法依规处置，提高资产效益。二是突出重点，分类施策。区分资产类型与管理现状，对分配不科学不合理、处置不公开不合规、国有资产流失浪费等痛点难点堵点问题，分类施策，精准发力，重点攻坚，切实解决闲置资产盘活利用问题。

（一）高位推动，部门联动机制助力清底数

摸清家底，算好明白账是资产盘活的大前提。一方面，转变观念，改"坐等靠"为"走看听"，加大调研工作力度，对闲置资产的现状特点和实际情况进行走访摸底。另一方面，底数清查工作量大，单一部门难以完成，多部门联动是首选之义。强大的执行力，过硬的工作决心，才能真正办实事。

（二）信息化建设，创新平台建设实现真动态

平台架构是推动政府完成"数字化转型"的关键，也是机关运行保障

数字化建设的基础，对于基础数据的联通共用和智慧决策具有重要意义。联通共用要求打造全省行政事业单位国有资产管理数据"一张网"，现用系统只能提供账面数据，无法提供资产实情。新平台将从管账向管物、管账相结合转变，所有资产全生命周期各个环节的动态操作都必须及时更新，"码、图、物"相符是实现大规模资产账账相符、账实相符的前提。智慧决策是基于大数据背景下提出的概念，资产管理系统掌握大量动态数据，是实现资产统筹管理，帮助资产管理人员做决策、做预判的利器。

（三）建章立制，制度体系构建明确强规范

法规制度是处置旧闲置预防新闲置的强有力保障。为扎实推进行政事业单位国有资产管理体制改革，按照建设节约型机关的要求，围绕集中统一、分级负责、分类管理改革重心，根据中央对国有资产管理监督要求，全面梳理现行法律法规，认真修订完善国有资产相关配套制度，从制度上明确各相关主体的权利义务责任，规范国有资产使用、配置、处置、监督检查，逐步形成系统、完备、可执行的资产管理法规制度体系，规范国有资产管理，提高国有资产管理效益。

（四）接受监督，多方强力监管保障控风险

在对国有资产进行盘活的过程中，不但存在财务风险，也存在重大的廉政风险和法律风险。游离于账外的单位资产使得主管部门及资产管理部门无法掌握具体情况，不能有效监督管理，容易造成国有资产流失。其中的对外投资易造成投资收益体外循环，存在被截留、转移、挪用、私分的风险。针对这些风险，重点是完善资产监管体系，建立自上而下的监督流，加大多方监管力度，必要时可以借助纪检监察机关的力量开展工作。

（五）科学管理，严控生命周期突出活利用

把资产的价值管理与实物管理、财务管理结合起来，运用智慧化手

段加强对资产的科学管理。建立闲置资产项目"户口档案",强化动态管理,融合基础数据、业务数据、监管数据等综合信息数据。详细标注项目特点、闲置原因、自身优势等相关信息,加快建立账实相符、图数一致的闲置资产数据库,保证数据的真实性与准确性,为资产盘活提供数据支撑。对条件成熟的单位的闲置资产,通过出租、转让等方式灵活处置,避免资源浪费,促进资源有效利用,进一步优化盘活资产。

三、建好"资产整改台账",责任压实到人到岗

强化资产内控制度建设,完善内部控制管理,做到依法合规,严肃纪律。强化内部组织分工,明确资产配置、使用、处置等审批程序,并按规定权限和程序报批后执行。加强日常监督检查,明确资产管理方面存在问题、处置方式、牵头科室、完成时限,并按时进行核实复查,严禁越权处置,严禁违规报废,确保国有资产安全完整,对违规违纪问题严肃追究责任。关于资产管理存在账账不符、账实不符、老旧资产管理不善等问题,要完善资产台账,建立定期不动产账、账实核对机制,同时组织资产清查小组,对不动产全覆盖摸底登记并开展定期巡查。

第二节 建立健全国资管理法之协调机制

一、国资管理法协调机制之宏观思考

(一)人性假设的有机整合

人性假设并不是必然与管理理论成映射关系的,因为每个国家都会根据自己的生产力水平及管理实践推出与之相适应的管理人性假定与模式,并且每一个企业在选择自己的管理模式时,不会受到企业具体情况的制约及自己偏好的影响,因而难免会出现人性假设与管理模式选择之间的

冲突、人性假设之间的冲突、管理模式之间的冲突。并且，这些人性假设本身也无不具有缺陷。如"经济人"的求利动机与人类中心主义一开始就把人与自然对立起来，人类在追求财富，追求经济增长，追求享受的"人类中心主义"价值观指导下，把地球上的一切都视为自己利用、改造、掠夺的对象，最终造成环境失衡、生态破坏，人类生存基础遭受到严重的破坏，从这一点讲，"经济人"假设与可持续发展战略是存在矛盾的。如国家是环境资源的所有者，但它不直接经营、使用，而是由委托代理者来负责具体的经营。这种制度没有明确当事人可以做什么和不可以做什么，产权的不清晰造成效益低下，资源配置无效，并产生了一些独立于市场体系之外、不受市场规则约束的外部效应。非市场化的结果加上由经济人的自利性引起的短视行为，使资源被侵占和破坏，造成资源的浪费和生态环境的破坏，等等。

因此，如何有效适度地利用经济人假设原生动力来推动经济前进，并较好地制约经济人假设的不当行为已是我们必须面对的瓶颈。又如，"自我实现人"假设强调，人们愿意通过自我管理和自我控制来实现目标；个人自我实现的要求与组织目标和谐统一起来，有自我满足和自我实现需求的人，往往以达到组织目标作为自己致力于实现目标的最大报酬；一般人不仅能够接受责任，而且会主动地承担责任，而所谓逃避责任，强调安全感等，通常是对实践中一些个别事情的简单归纳结果，并不是人的天性；在解决组织中出现的问题时，大多数人都能发挥较高的想象力、创造性和聪明才智。"自我实现人"假设未免对人的本性做了过高的估量，对人的道德品质的期望也太高，对人的利己、利人、利社会的行为的自我、自觉实施太过乐观。

国资管理一直是一块心病，选择哪些人性假设、对他们怎样协调处理，并用法律制度的形式反映出来，就是一个法律制度和谐化的过程。"复杂人"假设，是一种人性假设的综合体，它承认单一的人性假设在企业管理中的瑕疵和短处，主张将各种人性假设有机地组合起来运用于一个企业的管理活动中,并主张因时因势、因地制宜地选择适当的人性假设构建企业的管理机关及设计人性相融的企业、公司法律制度。这种人性的综合及权变思想有利于国资管理法的和谐。

(二)方法论的取舍

在一个主体多元、价值多元、利益多元的社会,方法的不可通约性意味着不能把所有的观点放在同一个背景下用统一的标准加以评价,而且,一些观点之间的冲突是可能的[①]。

冲突辩证法与和谐辩证法的对立存在带来了法律的革命。传统三大法律部门即民商法、行政法和刑法都是为了解决社会的冲突和纠纷,它们都十分注重惩罚性的法律责任在解决纠纷中的重大作用,而和谐辩证法的出现,引起了法律观念的一次大革命,"这种新的思维方式是在整体中追求个别,在个别中追求整体;在同化中追求差别,在差别中追求共性;在多元中追求一体,在一体中追求多元;在平衡中追求卓越,在卓越中追求扩大;在合作协力中追求自我优化,在竞争冲突中力求沟通共赢;在历史经验中追求理性结构,在理性规律中实现个体价值;在主体中追求客体,在客体中实现主体"[②]。这种新的法律观念、法律思维必须由具体的部门法及其具有部门法属性的权利、义务、责任等一些基本的法律范畴得以体现。于是,根据法律市场需求理论,出现了以权利、义务、责任相统一,事前预防、事中控制与事后救济相结合,惩罚性责任与奖励性责任相结合使用,以社会效益、经济效益与生态效益的和谐为自己的价值目标和追求的新兴法律部门,即经济法。经济法机制作用的发挥是以市场自我调节机制为基石、政府干预调节机制为补充的机制而起作用的。国资管理法属于经济法的范畴,因而和谐辩证法对国资管理法将产生重大的影响。

---

① 道.经济学方法论[M].杨培雷,译.上海:上海财经大学出版社,2005:190.
② 成中英.21世纪中国哲学的走向:诠释、整合与创新[J].中国社会科学院研究生院学报,2001(6)3-9,110.

国资在其运营、管理过程中必然会产生很多纠纷,从整体来看,国资纠纷包括行政纠纷、民商事纠纷、刑事纠纷和经济法纠纷,有时甚至是多种纠纷的合一体。国资管理法律制度中有关政府与企业关系的构建,政府有关国资管理职能与一般的政府管理职能的分离,国资管理目标的制定及国资运营的依法进行,以及国资管理部门管人、管事、管资产相结合,等等,无不突出了国有资产管理的和谐理念,无不是把国有资产当作"一盘棋"来进行管理,也无不是把国资与非国资的关系摆在一个良好的位置上。公共产品提供是有层次的,层次之间是存在冲突的。根据公共产品提供的层次性原理,受益范围辐射全国的社会性国有资产应由中央政府提供,而受益范围只涉及部分地区居民的社会性国资应由相应级别的地方政府提供,只有这样才能够做到利益与负担的统一,更好地实现社会性国资使用的效率与公平。同时,按收益性合理划分各级政府管辖资产的范围,有助于整个社会在社会性国资使用上达到最优状态。所以,在社会性国资的管理范围上,宜根据被提供的社会性国资的受益范围,确定使用这些社会性国资所需的管辖权,使得各级政府的责、权、利三者相结合,更好地促进社会效率与社会公平的实现。社会性国资管理的范围不是越大越好。

在和谐辩证法中,人与人、人与自然是一个整体,是构成整体的不同"自在",因此,不能把自然当作征服、利用的对象,亦不能把人当作工具;否则,摧毁了自然,损害了他人,最终人类也会摧毁自身,损害自己。资源性国有资产是国有资产的重要组成部分,而人力资本是国有资产保值增值的条件之一,因此,以和谐辩证法为方法论的国有资产法必须设计一套制度,既保证企业的可持续发展和自然资源的合理利用,又保证其以人为本的管理,进而维护劳动者的合法利益。

二、国资管理法协调机制之微观发轫

（一）资产平等化

和谐社会意味着国资与非国资都应受到法律的平等保护。在民商法为代表的私法领域，主体之间的地位和权利义务是对等关系，受到侵害时应得到平等的法律保护，不存在不均衡、不对称的现象。在我国，国资与非国资就权利的享有及权利的保护方面是存在失衡的。权利失衡存在两个方面：正式制度层面上的权利低水平均衡；现实层面上对国企与非国企低水平的权利保护。这种权力低水平均衡直接催生了"私有财产入宪"的呼声。事实上，在我国，国企与非国企的财产和权利都缺乏法律化和制度化的保障。正是由于这种权利的低水平均衡，社会上权力寻租、受贿行贿、暗箱操作等大量不良社会现象涌现，中小企业、民营企业等弱势主体的权利得不到保障。并且，在非正式制度的层面上，不同所有制性质的社会权利处于一种事实上的不均衡状态，因为不同所有制性质的企业的结构位置、社会影响力及所拥有的机会结构的不同决定了它们为争取自身利益的能力和事实上的权利也是不同的。"私有财产入宪"无疑是从宪政的角度推进资产平等化的重大举措。

（二）国资管理法和谐化的公法参与

国资管理积累了很多沉疴，在改革进程或多或少地存在着"路径依赖"，在国企公司制改造的大趋势下，很多国企摇身一变成为大型公司，正因为国企的"路径依赖"一直在起作用，难免会出现公司制的异化[①]。在这些异化中，最为关键的是公司的政府化，它使国企和公司制国企成了政府的附属机关，企业理应拥有的私权在政府意志的掺和之下变为公

---

① 郑若山.公司制的异化[M].北京：北京大学出版社，2003：107，166.

权。这在法律上的影响是，国资管理法及其配套法律法规的部门法归属具有多重性。其实，不管其归属性如何，有一点是非常明确的，即公法在和谐社会理念下的国资管理中具有强大作用。例如，行政法与经济法为典型代表的公法领域，因一方是拥有强大公权力的政府，双方的地位及权利才出现不对等现象。因而，构筑和谐社会理念下的国资管理之公法机制，需要对权利主体和公权力主体的双向制约和激励。权利和权力都包含着自我扩张的内在冲动，公法约束，能使权利的行使和权力的运行都在合乎理性和公义的轨道上行进。权利和权力也都有可能因主体的懈怠而沉寂，通过公法对此加以激励，才能使两者都焕发出活力。同时需要在权利主体和公权力主体之间建立进行沟通、协商和对话的畅通渠道，通过各个社会群体相互之间及与公权力主体的协商和对话，共同面对和解决社会发展所面临的国资管理中的诸种问题。在这方面，亟待加强的是社会利益在国资管理方面的表现机制和公民对国资退出、进入、生产、投资等公共决策的参与机制。一个重要的方面是充分发挥社会团体、行业组织和社会中介组织的作用，使各种民意在经过一定的整合之后理性地传递到政府决策的过程之中。与之相应的，也要建立和完善政府信息的公开机制，促进信息在全社会的对称分布。[①]

（三）政企法律关系和谐

和谐社会理念下的国有资产管理法治建设要求调整政府与企业的关系，形成良性互动的政企法律制度。在此，我们认为，政企关系和谐在法律制度上的表现是地位和谐及权利（力）之间的和谐。就政企法律地位和谐来说，法律要明确地规定，政府在行使所有权的各项权能时，其身份是与国企、国有公司等主体等同的一般民商事主体，行为必须遵守民商法的行事规则并与其他民商主体一样受到制裁和约束，而政府行使法定的社会

---

① 罗豪才.建构和谐社会的公法视角[N].人民日报，2004-12-24（13）.

经济管理职能时,其身份是国家公共权利的行使者和社会秩序、公平的维护者,其行为除了必须严格按照法律规定的范围和程序行使外,还应该遵照经济规律和变化的形势对国资加以适当的权宜管理,不过权宜管理的条件、程序及法律后果必须详细进行规定。政企权利(力)之间的和谐。其一,政府公共权力与企业公民权利和谐,这是国资管理和谐的根本。在法治社会与和谐社会中,政府权力与公民权利要平衡,"为了防止具有为数众多而又互相抵触的意志的无政府状态,法律限制了私人的权利。为了防止一个专制政府的暴政,法律控制了统治当局的权力"[1]。法律明确国家所承担的社会管理职能,并制止公权对包括国企、人民和社会自主运行的干涉,限制其僭越;"政府的权威被限制在为共同体的利益所必需的范围内"[2];法律规定政府公权内部配置的权力分立与制衡原则,使其各司其职,各安其分;禁止国资的利益集团为私利对公权力施加不正当影响。我国以前过多地强调了国企的权力而忽视其权利,这种不和谐的后果是导致部分国企缺失活力。其二,政府行使国资管理的公权之间要和谐。如果政府管理国资的公权之间不和谐,就会为国企作为市场主体权利的实现制造障碍,因为政府对国资管理的权力分布对国资或企业自身价值的实现至关重要。如中央和地方政府分别对中央级和地方级国企进行管理,既明确了国资管理权限的边界,又激发了各级政府对国资管理的积极性,这样就为国资职能的实现创造了必不可少的内生变量。其三,国企之间的权利和谐是重要的环节,这是一个基于主体的平等而产生的权利平等的法律问题。法律还对人民和社会内部利益的冲突予以调节与整合,使个人与群体权利的实现不致相互影响,因为没有规范性约束的自我利益的追求最终会使所有有关各方的自我利益遭到挫折。其四,实体权利和程序权利要和谐。在

---

[1] 博登海默.法理学:法哲学及其方法[M].邓正来,姬敬武,译.北京:华夏出版社,1987:224.

[2] 米尔恩.人的权利与人的多样性:人权哲学[M].夏勇,张志铭,译.北京:中国大百科全书出版社,1995:190.

我国，实体权利一般是在实体法中加以规定的，而程序权利一般是在三大程序法中加以规定的。从我国的法治实践情况来看，个体的政治权力、经济权利及社会权利的规定基本已经完善了，同时，个体的权利意识也有了更进一步的增强，但是，我国的程序权利的维护却是不太令人满意的，程序权利的保护不力最终导致的后果是实体权利的泯灭，如一些司法不公、人情案等现象。这一现象在国资的保护中尤为显见。总之，"法的基本价值就在于同时既确保可归诸单个人的各种主观自由，又使得这些权利彼此协调起来。"①

（四）利益相关者的权、义、责统一

权利、义务、责任是法律的基本构成因素，和谐理念或者和谐社会的建立在法律上的要求就是法律关系的主体在权利、义务、责任三方面及其相互之间的和谐。"利""义"关系决定着人与社会的关系。其一，人从本性上来说是自由的，而且更喜欢游离于组织之外，追求和满足"利"欲是人行为的主要动力；社会是由许多自由的人组合而成的一个非自由的群体，它之所以能够存在，是靠群体道德的"义"来维系的。其二，权利与义务的和谐是基础。马克思说，没有无权利的义务，也没有无义务的权利，国家在设立权利义务关系的时候要和谐，不能只给权利不给义务，也不能只给义务不给权利。责任则在权利与义务的和谐中扮演着重要的角色。一方面，法律在对主体间权利、义务的平衡分配时就考虑到了权利行使不当或义务履行失当时的处理办法，那就是制定相关的法律责任；另一方面，若出现主体不主动承担自己的责任时，责任的追求机制就会启动。国有资产管理涉及范围极广，国家、政府、国企（公司）、股东、债权人、雇员、客户、供应商、业务伙伴、竞争对手及所在的社区等均是利益相关者，实质上国有资产管理就是对所有利益相关者利益进行平衡的过程，而

---

① 哈贝马斯.在事实与规范之间[M].北京：生活·读书·新知三联书店，2003：145.

这一过程是对各利益相关者的权、义、责的合理配置和有效衔接的过程。

（五）破除先改革、后立法的传统

有一段时间，在关系民生的这些行业里，电信、民航、铁路等垄断行业定价的做法一直为人所诟病：电信资费居高不下；民航利用政令禁止打折；铁路春运在服务不良的情况下涨价。和谐社会是一个充满有效竞争的社会，社会秩序是一种竞争和谐的秩序，上述行业都是关系国计民生的行业，是国资发挥功能的重头戏，但是这些行业的国资管理主要在于主体进入的严加管制，这种管理背后隐藏的是对国资的过分爱护和对非国资进入的极度排斥。近年来，提出国资有所为而有所不为的战略思想，这些行业的进入壁垒也开始了改革，引入了适度的竞争。纵观这些年在垄断行业的改革，基本沿袭的是先改革、后立法的传统，由于立法的滞后、整体性法律架构的缺乏，产生了无法可依、有法难依、部门相互扯皮、国企各自为战、市场秩序混乱等问题。立法的目的是社会的"制度和谐"，而这种"制度不和谐"状态在国资管理领域长期存在，无疑影响了我国国资管理的秩序和效果，应破除国资管理先改革、后立法的流弊。

（六）推动国企社会责任的量化、法定化

"社会和谐，企业有责。"任何一个企业，对于推进社会的有序发展都有着不可推卸的责任。增强企业社会责任感，树立良好的经营形象，既是历史发展的经验，也是未来世界发展的必然趋势。目前，从整体上讲，西方企业的社会责任意识已经跨越法律层面，开始重视和强调在道德层面有所作为，并表现出了高的道德自觉性，如许多跨国公司制定出本企业的社会责任条例，并安排专人督促落实。但是，企业社会责任在我国异常复杂。在法律制度建设方面，我国国企承担的社会责任是从无限扩张到有限承担转变的，即国企办社会向国企承担有限的社会责任转变。单位，是新中国成立以来我国城市社区普遍采用的一种特殊的社会组织形式，是我国

社会结构的基本单元。单位制及与之相配套的一整套社会制度安排,通过对社会资源的控制和配置,为体制内的人(城市居民)设置了一个独特的社会生活空间,使得人们从生老病死到"吃喝拉撒"的全部生活内容都与单位紧密相连,以至于国企又承担着过重的社会责任或负担,正如有人指出,国企的单位制度已经成了国企深化改革的"瓶颈"。国企有限社会责任的承担是通过国企身份及职工身份的改变而实现的。但是,因法律制度的滞后使人(国企)的趋利本性得到空前无限的释放,如各类生产事故、拖欠劳工工资、内部交易、蓄意破坏环境、出售掺假食品、产品检验不足等丑闻时常见诸报端。

总之,在我国,国企的社会责任呈现两个极端,国企对内承担着过分的负担,对外却是社会责任感的缺失。在企业社会责任法治化运动的世界大潮流之下,国企社会责任的实现是无法靠国企自己的自觉和政府的政策所能达成的,而必须依靠法制的建立健全及其所固有的强制力来保证实施。从现有法律法规的规定看,有关社会责任的立法涉及企业法、税法、公益事业捐赠法、环境法、劳动法等,可是,这种非常零散的企业社会责任立法的缺陷也是非常明显的。其一,企业社会责任的理论研究有待加强,企业承担社会责任的认识还有待统一;其二,企业法是有关企业组织形式及其行为的法律规范,因此,可以说企业法是规范企业社会责任的主要法律。但是,我国企业法存在诸多缺陷:未对国企应承担何种社会责任加以明确的规定;没有对企业社会责任与利润最大化的冲突及其解决设置法律的框架;以企业社会责任(利益相关者模式)为导向的企业治理结构还未建构和付诸实践;如何用权利、义务、责任等一套法律概念对道德意义上的社会责任加以规定尚不明确。凡此种种,都与和谐社会要求企业承担社会责任的宗旨背道而驰,折射出个别企业在追求财富过程中对人的生命与财产尊严的漠视,以及最起码的社会公德心的丧失。

第三节　健全国资监督制度

党的十八届三中全会提出加强人大国有资产监督职能。2017年12月，党中央印发《中共中央关于建立国务院向全国人大常委会报告国有资产管理情况制度的意见》。2020年12月，全国人大常委会审议通过了《全国人民代表大会常务委员会关于加强国有资产管理情况监督的决定》（以下简称全国人大决定），并明确要求县级以上地方人大常委会结合本地实际，参照建立健全国有资产管理情况监督制度。

一、突出重点内容，让国资管理监督"有的放矢"

国有资产监督是对政府国有资产管理情况的监督，而不是国有资产管理。坚持这一定位，要紧扣中央和省委意见以及全国人大决定相关要求，根据实际和工作推进情况，在遵从全国人大决定主要框架和基本内容的基础上，坚持全口径和全覆盖相统一，积极作为和量力而行相统一，针对性、可行性和前瞻性相统一，对部分条款进行了细化和拓展，尤其注重将各级意见中的重要制度设计和原则要求明确为指向具体、相对可操作的内容，坚决贯彻党的主张，充分体现地区特点，切实增强监督实效。

全国人大决定按照国家意见要求，根据各地区当前完善各类国有资产管理体制机制的实际进展，拓展国有资产报告范围，将各省重大投资、重大基础设施建设形成的国有资产列入国有资产报告重点内容，同时明确政府和社会资本合作项目的资产管理情况，也要在条件成熟时及时纳入国有资产报告体系，充实报告内容，提高报告质量。

为了创造性地贯彻落实好中央和各省委的决策部署，各地区可开展国有资产监督的重点进行细化。一是关注郊区、街道国有资产管理情况。按照稳步推进的原则，区分各类国有资产管理的不同情况，重点关注改革完善各类国有资产管理体制，包括稳步推进郊区、街道国有资产管理情况，研究探索开发区、街道人大国有资产管理监督机制，有效弥补监督"盲区"，逐步实现国有资产管理监督全口径、全覆盖，不断提高监督实效。二是关注国有自然资源资产推动经济社会发展全面绿色转型情况。各地区要坚定不移推进产业结构和能源结构调整，实现减污降碳协同效应，努力在全国争先达峰。要坚持系统观念，统筹处理好经济发展、能源安全、降碳减排和民生保障等方面的关系，抓紧建立各地区达峰行动方案体系，有序展开碳达峰、碳中和工作布局，加快推动经济社会全面绿色转型，为全国经济发展和生态建设做出更多贡献。三是关注违法违规经营管理责任追究情况。将推进责任追究工作体系建设作为提升合规经营水平和防范化解重大风险的重要抓手，通过有效开展责任追究工作，推动企业合规经营，有效防止国有资产流失，落实国有资产保值增值，做强做优做大国有资本。

二、创新方式方法，让国资管理监督"握指成拳"

要以国有资产监督方式方法的系统性和融合性为着眼点，打出监督"组合拳"，形成监督合力。一是推进国有资产管理监督和预算管理监督相衔接。国有资产管理监督与预算决算审查监督是两个密不可分的领域。新时代全国加强对国有资产管理的监督，必须逐步与预算决算审查监督相衔接，通过全口径的国资预算审查，实现对国资的全过程监管，保障国有资产的监督实效。依据《国务院关于进一步深化预算管理制度改革的意见》的相关规定，各地区要制定关于加强行政事业性国有资产收入管理的规定。同时，各地区人大常委会听取和审议国有资产管理情况报告，要与预算决算审查监督紧密衔接，特别是与国有资本经营预算决算、部门预算决算审查监督相结合，推动建立多层次、多角度，既明确分工又有机衔接的报告和监督机制。二是推进国资管理监督和审计监督相衔接。审计部门要按照国有资产、国有资源全覆盖的要求，加大审计力度，形成审计专项报告提交各地区常委会，更加全面、准确地反映国有资产管理情况，充分发挥审计监督对人大监督的支持作用。三是推进国资管理监督和监察监督相衔接。要建立国有资产管理监督与监察监督相衔接的有效机制，加强相关信息共享和工作联系，对通过巡视发现和纪检监察处理涉及国资管理方面的有关问题，各地区常委会要及时掌握情况并推动有效解决。

三、督促整改落实，让国资管理监督"长出牙齿"

在国有资产管理监督链条上，督促问题整改，增强监督实效，让监督真正"长出牙齿"并咬合有力，是党中央在建立国有资产管理情况报告制度之初就提出的明确要求。全国人大决定紧扣这一要求，明确提出：一是建立健全整改与问责机制。将整改与问责情况可以同对当地人大常委会审议意见的研究处理情况一并向省人大常委会报告，省人大常委会可以听取报告并进行审议。二是开出督办清单。对突出问题、典型案件建立督办清单，开展跟踪监督，督促整改落实。三是强化日常监督。各地区政府有关部门建立全口径国有资产信息共享平台，并通过人大预算联网监督系统定期报送相关国有资产数据和信息。四是提升监督质效。健全与省政府有关部门之间的工作联系机制，加强督促协调，推动国有资产管理突出问题整改，促进政府完善相关制度，提升管理成效。

制度的生命力在于执行。全国人大决定出台后，要加大宣传培训力度，推动其得到全面、正确、有效贯彻落实，推动各地定期晒出国有资产"明白账"，使国有资产家底更加透明、管理更加规范，使人大监督更加有力、更富刚性，力促国有资产更好地服务发展、更好地造福人民。

另外，还可积极开展试点探索。根据实际工作需要，在全国范围内选择不少于30个有吸引力、代表性强的重点项目，并确定一批可以为盘活存量资产、扩大有效投资提供有力支撑的相关机构，开展试点示范，形成可复制、可推广的经验做法。引导各地区积极学习借鉴先进经验，因地制宜研究制定盘活存量资产的有力有效措施，防止"一哄而上"。

第四节 其他举措

一、加强宣传培训

定期组织行业管理部门、存量资产持有人、金融机构、中介机构等开展多种类型的业务培训，帮助有关部门和重点企业掌握相关政策法规、管理要求，熟悉操作规则和业务流程，不断提升各方参与的意愿和能力。特别是就盘活方式、存量资产与新建资产联动推进、回收资金使用、主要矛盾化解、收入来源拓宽等方面，加大典型经验总结宣传力度。支持民营企业根据实际情况，参与盘活国有存量资产，积极盘活自身存量资产。

二、严格风险管控

依规履行盘活存量资产审核决策程序，严格合法合规性审查，重点审查是否符合国家重大战略、国家及省"十四五"规划，以及取得固定资产投资管理相关手续等。对需签订合同的，要细化明确各方权利义务，建立激励约束、纠纷解决、风险防范等机制。对公共属性较强的项目，在盘活存量资产时应处理好项目公益性与经营性的关系，确保投资方接手后引入或组建具备较强能力和丰富经验的基础设施运营管理机构，保持基础设施稳健运营，切实保障公共利益。严禁在盘活存量资产中新增地方政府隐性债务，严格落实国有资产监督管理规定，充分保障债权人和职工合法权益。

三、开展试点示范

综合资产盘活重要意义、示范作用、工作成效等，积极推荐优质项目争取纳入国家试点。定期梳理各地各领域存量资产盘活情况，每年遴选

20 个左右操作规范、成效明显的典型案例，形成可复制、可推广的经验做法。鼓励各地在积极学习先进经验、结合自身实际的基础上，研究制定盘活存量资产的有力有效措施。

四、强化督促激励

将当年国有企业盘活存量资产相关工作开展情况纳入本级政府年度国有资产报告。对地方政府债务率较高的地区，重点督促其通过盘活存量资产降低债务率、提高再投资能力。对盘活存量资产、扩大有效投资工作成效突出的地区或单位，在中央预算内投资、重大项目申报、开展先行先试等方面给予倾斜支持；对资产长期闲置、盘活工作不力的，采取约谈、问责等方式加大督促力度。

五、进一步发挥国有企业示范作用

将鼓励盘活存量资产纳入国有企业考核评价体系，对当期经营业绩产生的影响，在相关经营指标核算时予以适当加回。聚焦基础设施领域存量资产多、建设任务重的省属国有企业，每年可选择 10 个以上有吸引力、代表性强的重点项目，通过产权市场公开挂牌、引进战略投资者、整体注入上市公司、申报发行 REITs 等方式盘活存量资产。鼓励有条件的省、市、县（市、区）国有企业在市政设施、园区厂房、闲置土地、非主业资产等领域选择一批项目进行盘活。深入推进国有企业低效无效闲置资产处置，收回资金用于主业项目投资。鼓励国有资本投资、运营公司牵头组建市场化基金，吸引更多社会资本投向存量项目资产。通过股权划转、资本金注入及发行债券等方式，为符合条件的国有资本投资、运营公司盘活存量资产提供中长期融资支持。

第八章 其他盘活路径

第一节 梳理国有企业资产

资产梳理是国有资产价值管理的第一步工作。

国办19号文出台后,存量资产盘活引发资管行业强烈关注。对于手握庞大资产规模的国有企业来说,接下来很长一段时间内,存量资产盘活都将是最重大的任务之一。

而盘清是盘活的前提。众多地方政府及有关部门在盘活存量资产工作部署中,都将全面清查资产、建立资产台账列为前置任务,其一是要求"底数清、无死角",重点清查资产现状、资产权属、资产价值、债权债务、盈利能力等基本情况,并对项目资产的立项、规划、用地、环评、施工许可、产权登记等手续的合法合规性进行全面摸底核实;其二是要求在全面摸清存量资产底数的基础上,积极筛选具备一定盘活条件的存量项目,按照表格式分地区、分领域建立资产台账。

对于国有企业来说,如何借助科学高效的方法摸清家底,为盘活存量夯实基础,非常关键。但在现实条件下,国企还普遍面临着资产规模庞大、产权来源复杂、资产类型多样、历史遗留问题、企业合并重组、经营动态变化等复杂局面，要盘清资产家底并不容易，一开始就面临诸多挑战。那资产梳理工作又应该从哪些方面着手，又应该注意哪些问题，才能确保开好局起好步呢？

一、抽丝剥茧层层深入，找准找实问题根源

资产梳理是国有资产价值管理的第一步工作，也是最基础的工作。这一步不做好，不做透，后续资产经营管理过程中就会问题频出。很多企业人员认为资产梳理很简单，不过是填填表、报报数据而已，却忽视了在该项工作上，资产梳理服务机构和项目人员应达到的专业水准。

例如，成都A企，曾前后三年分别由财务部、资产部做了共计8次资产梳理，但是最后发现梳理不清楚，为什么呢？因为做资产梳理不仅仅是进行数据统计，还要借助服务机构专业人员的资产信息整合能力、资产确权识别能力和资产实物甄别能力，结合专业知识采用技术手段和实物确认手段，从实物层面、权益层面、经营层面、融资层面等各方面去针对性地解决资产梳理中发现的问题，从而真正盘清存量资产。

（一）资产盘清维度

资产盘清维度包括但不限于权证缺失、划拨资产未入账、账账不符、账实不符、融资最大化及资产效益受损等。

（二）主要技术手段

1. 资料核实，注重资产信息整合能力

一是基础资料整理，需要查阅业权文件、批复文件、立项文件、资产台账、财务台账等；二是资产流转信息审核，需要将资产关联数据相互印证，发现账账不符、账实不符的异常资产。

2. 实地走访，注重资产确权识别能力

一是走访政府部门，前往国资金融局、土储中心、不动产交易中心等政府部门调档核查；二是走访原权属单位，前往原权属单位核实资产权属，将划拨资产财务入账。

3. 现场查勘，注重资产实物甄别能力

一是凭借技术手段，借助无人机、GPS 定位、土地测控等专业技术提升现场查勘效率；二是实物确认，结合工程测绘资料，现场确认资产范围、位置及使用状况等基础信息。

（三）查清找准问题源头

1. 实物层面问题

部分国有企业在资产管理业务板块存在"多本账"问题，资管部有一本，财务部有一本，实际管理人员有一本，有些甚至物管公司还有一本，关键是各部门台账数据不统一，造成一个个"数据孤岛"。

因此在资产梳理时，首先需要统一数据口径和属性标准，涵盖每个部门对资产的属性要求，且要对比多本台账，确保台账与资产实际状态的匹配，真正做到一个公司资产管理"一本账"。这本台账里面既不会有漏记的资产，也不会有账上登记但实物实际已经灭失的资产，做到账账相符、账实相符、资产状态真实有效，并且从源头去发现账外资产和隐形资产。

2. 权益层面问题

通过资产梳理后，应把权证类问题分为两个层次，一个层次是已经办理了权证的资产有哪些，这些资产权证办理是否规范，是否为最新的产权文件；另一层次是把未办证的资产进行梳理分类。

前期在调研中发现,有部分企业未办证的资产比例一度超过50%。办证人员向上级领导汇报时一般都会讲,哪些资产由于什么历史问题办不了证,而领导并不清楚是否真如经办人员所说权证难以办理,是否难度都特别高,这一点也从侧面反映出办证人员对资产办证事项在一定程度上理解得还不够透彻,上报时并没有客观地按照办证难易程度进行划分。

因此,在这个过程中我们要对权证办理难度进行分级,哪些是容易操作的,哪些是难度大的,一一区分开来。同时在资产梳理过程中结合资产自身的情况及办证的要求,进行分级分类统计并形成报告。对确有历史遗留问题或规划不能调整问题的要立即上报相关部门,从被动问询变为主动上报,至少能够让企业免责,并且对资产的历史遗留问题做到心中有数。这样一来,在出台相关办证红利的窗口期也能及时享受红利,对于办证程序较为简单的,服务机构可以当即形成办证行动计划,快速完成权证补办,为资产出租、出售、融资打下坚实的基础。

3. 经营层面问题

在经营层面上,国有企业需重点关注资产是否存在被非法占用的情况。资产梳理工作中要让服务机构每条资产都必须指派专业人员去现场查勘,这样做主要是防止国有资产收益受损。根据现场查勘历史经验来看,发现问题比较多的一般是商铺和安置房。例如,B企在实地勘察安置房的时候,发现有不少的安置房被个人占用长达数年,从未缴纳租金;而商铺这块,从资产台账上看只有1号商铺是出租的,从外面看也只有1号商铺的卷帘门是拉开的,但通过工作人员私访发现,相邻的2号商铺和3号商铺已被1号商铺打通了用作仓库,但是之前B企巡查人员没有上报这类情况。

4. 融资层面问题

通过资产梳理,要结合资产抵押情况评估资产融资效率如何。这里分为几种情况：一是可抵押而未抵押资产，有的资产一直登记在公服配套资产表里，其实是经营性质资产；二是抵押率不充分的资产，应尽快重新评估，可能有些土地价值提升很大，但是是几年前评估的，因而抵押率不足；三是资产是否存在问题，例如，资产已经实质出售及土地被道路占用等情况，抵押到期后不能续贷，企业要提前考虑置换的问题，进行资产置换。

二、科学划分工作阶段，聚焦重点达成盘点目标

为确保达成"底数清、无死角"的整体目标，资产梳理工作应统筹规划、分步实施。国有企业需要和服务机构建立良性的沟通机制和实施方案，科学划分工作阶段，同时明确阶段性工作重点和应达成目标。

资产梳理基本流程一般分为前期阶段、实施阶段和成果阶段。

（一）前期阶段

该阶段需要企业和服务机构协同建立工作组，对项目进行初步分析，制订项目整体工作计划。

（二）实施阶段

该阶段主要是资料的搜集与整理，需要在企业人员的配合支持下，首先让服务机构通过内部和外部两个途径进行档案权证的查询，确认资产的权属信息。然后根据套账的对比，如财务账、资产账、物管账来进行资产的查漏补缺，确保资产无遗漏。最后通过现场勘察把资产信息与实物资产再次复核，确保账实相符。

（三）成果阶段

该阶段一方面是纸质档案的存档及建立完善的资产管理台账，另一方面是系统导入，在资产管理系统中导入资产资料，同时逐步进行国有资

产管理信息系统的建设。具体流程也会因企业实际情况有所差异，部分步骤前后顺序可以调换，也可以是同步进行的。

实际操作上，首先是在项目启动时，需要服务机构与企业资产部共同制定专门的工作方案，共同组建工作领导小组。接下来，工作领导小组到各子公司进行资产梳理需求调研，调研后连同信息系统软件产品服务提供商共同制定资产梳理模块。

然后开始收集资料，对资料不齐或有疑问的，走访相关部门进行调档核查，并形成初版资产清册。将初版清册与集团的月报表及固定资产台账对比，进行查漏补缺，形成第二版资产清册，按照该清册对每个资产逐个进行现场勘查并核实，形成最终版资产台账。将该台账与子公司相关人员共同进行复核，最终上传系统并提交电子及纸质档案。

下面是需要注意的重点工作内容：

1. 访谈调研

调研主要涉及服务机构对企业领导、管理层、业务层及子公司的访谈，主要是调研各层级对资产梳理的具体需求和期望，同时推进相关人员一起参与到资产管理信息系统相应模块的规划中去。

2. 资料搜集与整理

首先是按照现有的资产台账和资料清单收集相关资料，如果涉及很多个子公司，就要分小组分别到子公司进行收集，并且把收集到的资料扫描成电子版，涉及产权文件的，对产权资料进行录入。在整理过程中，如果遇到有文件缺失的，企业应和服务机构要做好信息同步，协调内部多部门一起查档补充，进一步完善资料。

3. 外部档案确权匹配

对于权属不清、划拨、转让文件不齐全的资产，通过对原产权单位以及相关的政府机构进行走访，核实资产的历史情况。

4. 账套对比

主要涉及四本账，包含资管账、财务账、物管账和实管账。集团资产管理部要协助服务机构成立专门的核对小组，收集子公司的相关台账，如核对财务账需要集团资产管理部月报表、子公司资管部报表、子公司财务部报表（固定资产、存货、日常账目）、物管公司管理账本、物管现场人员手工账本等相关资料相继进行匹配。对于权属不明晰的资产，项目成员要形成相应资产清单，并告知集团资产管理部，由集团资产管理部派专人核实资产。

5. 现场勘察

按照初步的建档信息，对资产的建成年代、占地面积、建筑面积、使用情况、实际用途、维护保养情况等进行查看核实记录，并做好资产拍照存档工作。

6. 数据上线

在资料梳理完成后，企业要及时部署上线资产管理信息化系统，完成资产信息录入。整合包括资产清册、权属附件、其他附件、现场勘察表、现场照片、租赁合同、纸质档案等资料，将信息整体导入资产管理系统，通过信息系统实现资产动态化管理。

资产梳理对于国有企业资产管理转型发展意义重大，直接关系到企业的资产资源配置利用水平和经营效益提升。而盘清资产家底只是第一步，紧接着国有企业还需要通过一系列手段将资产盘活运营起来。这个过程中固然有不少难关要攻克，有不少硬骨头要啃，但只有迎难而上、破难而行、实干担当，才能获得沉甸甸的、拿得出手的成果，交出开局起步的高分答卷。

第二节 弘扬企业家精神，推动国企高质量跨越式发展

一、企业家精神是我国经济社会发展的宝贵财富

党的十九届五中全会通过的《中共中央关于制定国民经济和社会发展第十四个五年规划和二〇三五年远景目标的建议》提出要"弘扬企业家精神，加快建设世界一流企业"，将"激发各类市场主体活力"作为全面深化改革、构建高水平社会主义市场经济体制的重要任务。展望新征程，我们只有坚定信心，保持定力，弘扬好企业家精神，推动国企高质量跨越式发展，才能于变局中开新局。

二、深入学习贯彻习近平新时代中国特色社会主义思想，涵养舍我其谁的政治担当

国有企业是国民经济的重要支柱，是中国特色社会主义的重要物质基础和政治基础。国企领导人员要旗帜鲜明讲政治，自觉肩负"在经济领域为党工作"的神圣职责。要做到"两个维护"，提升政治判断力。做到党中央提倡的坚决响应、党中央决定的坚决执行、党中央禁止的坚决不做，始终锚定正确的政治方向，确保企业社会效益与经济效益高度统一。要加强党性修养，提升政治领悟力。要以党员身份严格要求自己，补足精神之"钙"，筑牢思想之基，构建完备的企业管理知识体系，全面提升政治领悟力。要胸怀"两个大局"，提升政治执行力。"两个大局"是我们谋划工作的基本出发点，要强化责任意识，从政治上领悟和落实党中央的重大决策部署，经常同党的基本理论、基本路线、基本方略对标对表，及时校准偏差。

三、坚决贯彻落实党中央决策部署，涵养功成不必在我、功成必定有我的政治品格

做强做优做大国有资本，培育世界一流企业，是摆在国企面前的一道时代课题。作为国企领导人员，除了要懂经营、会管理，更应涵养功成不必在我、功成必定有我的政治品格，以企业家精神引领企业高质量跨越式发展。要积极实施"走出去"战略，解放思想，拓宽企业领导人员的国际视野。企业要在技术引进来和产品走出去上协同推进，积极融入国内国际双循环。企业领导人员要形成"走出去"的共识，加强交流。要以市场化为导向，聚焦主责主业，推进国企转型升级。企业发展离不开市场竞争，企业家精神通过市场竞争得以强化。要推进诚信合规经营，积极履行社会责任，提升企业文化软实力。国企在经营管理中，不仅要将党建工作与业务工作同谋划、同落实、同考核，还要积极履行社会责任，体现责任担当。

四、最大限度激发干事创业热情，涵养清正廉洁的政治本色

习近平总书记在全国组织工作会议上强调："要建立崇尚实干、带动担当、加油鼓劲的正向激励体系，树立体现讲担当、重担当的鲜明导向。"推进国企新一轮改革，既要完善问责机制规范化建设，也要健全正向激励机制，激发国企领导人员干事创业热情。要优化顶层设计，健全国企差异化考核评价体系。要通盘考虑在经营管理、社会效益等方面的责任履行情况，构建公正透明、导向清晰、激励有效的薪酬分配体系，通过差异化考核倒逼在市场化大潮比拼中加快发展，营造国企"百舸争流千帆竞"的生动局面。要激励担当作为，完善并推动容错纠错机制落到实处。要坚持激励和约束并重，宽严相济，切实保护和激发国企领导人的工作积极性、主动性和创造性。积极开展专业化培训和轮岗交流，进一步畅通干部双向交流，为实现高质量跨越式发展提供坚强人才保证。

第三节 筑牢国有企业的"根"和"魂"

坚持党对国有企业的领导,不是喊口号,不能含糊抽象、大而化之,而要积极探索发挥国有企业党组织领导核心和政治核心作用的有效方法、途径和措施,通过科学的组织安排和制度设计使之准确化、具体化,贯穿于国有企业改革发展全过程中。

习近平总书记指出:"坚持党的领导、加强党的建设,是我国国有企业的光荣传统,是国有企业的'根'和'魂',是我国国有企业的独特优势。"新时代推进国有企业改革,关键是要始终坚持以习近平新时代中国特色社会主义思想为指引,毫不动摇坚持党对国有企业的领导、加强国有企业党的建设,把全面从严治党要求贯穿国有企业改革发展全过程。

一、国有企业是党领导的国家治理体系的重要组成部分,理所当然要坚持党的领导

党的十九大报告明确指出,"坚持党对一切工作的领导""党政军民学、东西南北中,党是领导一切的"。"中国特色社会主义最本质的特征是中国共产党领导,中国特色社会主义制度的最大优势是中国共产党领导,党是最高政治领导力量。"国有企业是党领导的国家治理体系的重要组成部分,理所当然要坚持党的领导。

(一)坚持党对国有企业的领导,是巩固我们党执政基础和执政地位的根本要求

国有企业是中国特色社会主义的重要物质基础和政治基础,是我们党执政兴国的重要支柱和依靠力量。国有企业改革发展,既是关系经济发展的重大经济问题,也是关系社会主义制度命运的重大政治问题。只有毫

不动摇地坚持党对国有企业的领导,理直气壮地做强做优做大国有资本,才能真正夯实党、国家和中国特色社会主义制度的基础和根基。

(二)坚持党对国有企业的领导,是国有企业改革始终沿着正确方向前进的根本保证

在社会主义市场经济条件下,推动国有企业改革发展是一项伟大实践,没有现成经验可以借鉴。在这一历史进程中,一些别有用心的人打着维护市场经济的口号否定党对国有企业的领导,把党的领导和市场经济规律对立起来,一定程度上给国有企业改革发展带来了认识上的误区。要澄清这些模糊认识,消除负面影响,确保国有企业改革沿着正确的方向向前推进,必须始终坚持党对国有企业的领导不动摇,坚决纠正、坚决反对弱化党的领导和党建工作的错误认识和错误做法,确保国有企业产权属性不变、发展方向不变、地位作用不降。

(三)坚持党对国有企业的领导,是建设中国特色现代国有企业制度的内在要求

公司治理没有放之四海而皆准的模式,好的公司治理制度必须与本国的市场特征、制度环境和社会传统相协调。中国特色现代国有企业制度之"特",就集中体现在始终坚持党对国有企业的领导上。要把党的领导融入公司治理各环节,把企业党组织内嵌到公司治理结构之中,把党对国有企业的政治领导、思想领导、组织领导落到实处。

二、国有企业要把党建工作优势与市场机制作用深度融合,激发市场化经营活力

新修订的《党章》明确要求:"国有企业党委(党组)发挥领导作用,把方向、管大局、保落实,依照规定讨论和决定企业重大事项。"坚持党对国有企业的领导,不是喊口号,不能含糊抽象、大而化之,而要积极探

索发挥国有企业党组织领导核心和政治核心作用的有效方法、途径和措施，通过科学的组织安排和制度设计使之准确化、具体化，贯穿于国有企业改革发展全过程中。

（一）坚持加强党的领导与完善公司治理有机统一，建立中国特色现代国有企业制度

实现党的领导与公司治理有机统一，核心是把党组织内嵌到公司治理结构之中，构建起党组织与其他治理主体各司其职、各负其责、协调运转、制衡有效的公司治理机制。要明确党组织在公司治理中的法定地位。通过修订公司章程，对国有企业党组织的设置、功能定位、职责任务等做出明确规定，实现党的领导和公司治理的有机统一。要完善和落实"双向进入、交叉任职"的领导体制。符合条件的党组织领导班子成员可以通过法定程序进入董事会、监事会、经理层，董事会、监事会、经理层，成员中符合条件的党员可以依照有关规定和程序进入党组织领导班子。要明晰党组织与其他治理主体的权责边界。健全党组织充分融入决策机制，制定企业党委会决策事项清单，明确重大事项决策程序，把重大事项由党委事先研究、董事会和经理层按法定程序决策这一原则落到实处。要进一步完善公司治理结构。强化党组织在企业领导人员选拔任用、培养教育、管理监督中的责任，支持董事会依法选择经营管理者、经营管理者依法使用人权，加快推进职业经理人制度建设。

（二）坚持发挥党建工作优势与发挥市场机制作用深度融合，激发国有企业市场化经营活力

党对国有企业的领导是国有企业的独特政治优势。要把加强党建与深化企业内部改革相融合。国有企业普遍产权链条长、管理层级多，继而带来效率低下、冗员众多，改革难度大。这就需要充分发挥企业党组织的思想政治优势，教育引导干部职工发扬主人翁精神，勇于向自我开刀，优

化组织结构，压缩管理层级，减少管理人员，降低成本，提高效率。要把加强党建与完善激励措施相融合。深化企业内部三项制度改革，按照分类管理的原则，建立党组织管理干部和市场选拔人才的有效衔接机制，探索适应中国特色现代国有企业制度的薪酬制度和长效激励机制，充分调动各个方面人才的积极性。要把加强党建与推进混合所有制改革相融合。把建立党组织、开展党的工作作为国有企业推进混合所有制改革的必要前提，稳妥推进混合所有制改革。

（三）坚持党内监督与国资监管有效整合，构建协同配合的国有资产监督体系

要充分发挥党组织在国有企业监督中的核心作用。整合纪检监察、出资人、监事会、审计、巡视巡察等各方监督力量，建立协调工作机制。要强化党组织对企业领导人员的监督。抓住企业领导人员这个关键少数，运用多种方式开展监督，实行企业领导人员任职回避和公务回避，开展常态化审计，推行重大信息公开，建立关联方交易监管制度，开展职工民主评价招投标项目，全方位扎紧扎密对企业领导人员监督的制度笼子。要以管资本为主加强国有资产监管。科学界定国有资本所有权和经营权边界，加快推进国资监管机构职能转变，大力实施简政放权。要创新监督手段。建立"国资云"平台，全面实现对企业重大决策和重要经营管理活动的动态监控，发挥大宗物资采购、工程建设、社会服务招投标信息平台作用，完善风险防控机制，严防国有资产流失。

三、国企党建要以政治建设为统领，统筹推进各项建设，为企业改革发展提供坚强政治保障

新时代大背景下，坚持党对国有企业的领导、加强国有企业党的建设，关键是坚持以政治建设为统领，统筹推进思想、组织、作风和纪律建设，推动国有企业全面从严治党向纵深发展，努力为国有企业改革发展提

供坚强政治保障。

（一）切实提高政治站位

深入学习宣传贯彻党的二十大精神，坚持用习近平新时代中国特色社会主义思想武装头脑，引导国有企业广大党员干部牢固树立政治意识、大局意识、核心意识、看齐意识，严格遵守政治纪律和政治规矩，做到政治上绝对可靠、思想上绝对忠诚、行动上绝对紧跟。

（二）认真落实全面从严治党主体责任

严格落实党建工作责任制，强化党建工作体系建设，对企业党组织履行主体责任实施清单管理，建立健全责任落实、考核评价、述职评议制度，将考核评价结果与企业负责人任免、薪酬和奖惩严格挂钩。

（三）加强企业领导人员队伍建设

坚持党管干部、党管人才原则，全面实施高层次人才引进和经营管理人才素质登高工程，创新体制机制，优化人才发展环境。加强企业家及后备人才队伍建设，加大市场化选聘力度，努力建设一支对党忠诚、勇于创新、治企有方、兴企有为、清正廉洁的国有企业干部队伍。

（四）深入推进党风廉政建设和反腐败工作

坚持把纪律规矩挺在前面，把握运用监督执纪"四种形态"，严格执行问责条例，发挥好问责利器作用，做到失责必问、问责必严，问责一起、警醒一片。深化政治巡视巡察，发挥利剑作用，保持惩治腐败高压态势。加快构建不敢腐、不能腐、不想腐体制机制，强化不敢腐的震慑，扎牢不能腐的笼子，增强不想腐的自觉。

第四节 构建中国特色现代国有企业监督体系

为探索国有企业监督工作的内在规律和实现路径，推进国有企业构建以党内监督为主导、各类监督协调贯通的监督体系，把监督有效融入公司治理，助推高质量发展，国家能源投资集团有限责任公司课题组在充分调研、交流的基础上，综合分析国有企业监督体系存在的现实问题，提出了"两委一会一层"（党委、监督委、董事会、经理层）监督体系架构，在领导体制上实现党对监督工作的全面领导，工作机制上实现各类监督贯通协同，制度设计上实现监督融入公司治理全过程。

一、构建中国特色现代国有企业监督体系的重要意义

构建中国特色现代国有企业监督体系是加强党对国有企业领导、提高企业治理效能的现实需要。在全面从严治党的大背景下，健全监督体系，加强对权力运行的监督和制约势在必行。国有企业承担着重大的政治、经济、社会责任，必须围绕新发展格局找准服务保障着力点，从体制机制上创新、从构建体系上入手、从增强合力上使劲，构建"大监督"格局。同时，聚焦国有企业腐败多发问题，创新改革思路，对健全完善监督体系提出新概念、新思路，更加有利于加强对国有资产全面有效监管，推动监督融入公司治理，保障国有经济巩固和发展。

课题研究目的在于建立中国特色现代国有企业监督体系，全面理顺监督体系的领导体制、工作机制，深入探索监督更好地融入公司治理的路径方法，进一步加强党对监督工作的领导，统筹党内监督、法人治理、监察监督、业务监督、民主监督等各类监督贯通协同，提升国有企业治理体系和治理能力现代化，为建设世界一流企业提供坚实保障。

二、国有企业监督体系建设现状

近年来,国有企业全面贯彻关于健全党和国家监督体系的战略部署,认真落实《中国共产党党内监督条例》,积极整合各类监督资源,加强对权力运行的监督。在领导体制方面,部分企业分别建立了监督委员会、党风廉政建设和反腐败工作协调小组,加强对监督工作的领导。在工作机制方面,围绕"以党内监督为主导,推动各类监督有机贯通、相互协调"要求,部分企业构建了形式多样的协同运行工作机制。在制度设计方面,各有关企业均把制度建设贯穿于监督格局构建全过程、各方面。比如,中国大唐集团有限公司把党风廉政建设纳入企业信息化管理体系,融入制度流程,实现了廉洁风险控制的关口前移和可控、在控等。在信息化建设方面,部分企业充分利用新一代信息技术,以"大数据、大监督、大运用"为思路,构建国有企业内部"大监督"数据信息系统。

国家能源投资集团有限责任公司立足于"党统一领导、全面覆盖、贯通协同、权威高效"原则,形成了"1+3+N"的监督工作格局:"1"是以重组改革为总体驱动,推行产业专业化管理,厘清权责边界,实现职能部门从管理向监管的转变,充分释放业务监督效应。"3"是三项融促机制,一是把监督融进岗位职责,管业务就要管监督;二是把监督融进制度规范,有执行要求就要有监督要求;三是把监督融进业务流程,有违纪风险就要有防范措施。"N"是以多元信息化监管为监督赋能,建设一体化集中管控系统(ERP),实现业务互连、数据共享,为业务监督提供有力支撑。

综合调研、交流等情况,笔者发现国有企业监督体系建设中存在的主要问题如下:一是党对监督工作的统一领导不够。企业各监督力量分散,各部门工作上的衔接和配合不够,监督效能未最大限度发挥。二是内部监督体系建设缺乏整体设计,对于各治理主体之间和各部门之间监督职责内容的相互衔接缺乏有效实践,监督的标准化、规范化程序仍需提高。

三是监督主体履职能力不强。专责监督人员能力素质与现有要求相比存在差距，一些业务部门存在管业务不管监督问题。四是监督成果运用不足。监督"后半篇文章"没有跟上，没有把监督成果与深化改革、完善制度、促进治理、推动发展贯通起来。五是监督工作的考核体系未有效构建。监督主体是否履行监督职责、被监督对象是否正确履行管理职责并抓好整改落实等内容，尚未建立标准化的考核制度。

三、构建中国特色现代国有企业监督体系的总体要求

（一）总体思路

以习近平新时代中国特色社会主义思想为指导，聚焦"党统一领导、全面覆盖、贯通协同、权威高效"要求，健全以党内监督为主导，法人治理结构监督、专责监督、业务监督和民主监督贯通协同的监督格局，建立"三协同""监督进章程"等机制，推动监督融入公司治理体系，为培育具有全球竞争力的世界一流企业提供坚强保障。

（二）基本原则

坚持党的领导，充分发挥党组织把方向、管大局、促落实的领导作用，以党内监督为主导，统筹协调各种监督力量。坚持融入治理，把监督融进岗位职责、制度规范、业务流程，提升企业治理效能。坚持问题导向，聚焦突出问题，实现精准监督、靶向治疗。坚持全面系统，发挥监督主体各自所长，实现各层级、各板块监督对象全覆盖。坚持与时俱进，遵循中国特色现代国有企业自身发展规律，以科学成熟的管理方法开展监督体系搭建、分步实施、梯次推进、持续完善。

（三）总体目标

一是增强监督的权威性。把监督工作作为"一把手"工程，进一步

加强党委对监督工作的统一领导。二是增强监督的全面性。坚持系统观念，实现监督对象全覆盖、监督内容全覆盖，并实现"再监督"全覆盖。三是增强监督的有效性。把监督融入公司治理体系，促进制度建设和执行，解决管理"短板""弱项"和"顽疾性问题"。

（四）总体设计

实行"两委一会一层"中国特色现代国有企业领导、决策、执行、监督运行体系。该体系包括四个主体，即党委、监督委、董事会和经理层。其中党委处于领导地位，发挥把方向、管大局、促落实作用，其他主体应当自觉维护党委的领导地位。党委在企业监督工作中发挥领导作用，支持、监督董事会、经理层依法决策、经营，领导、支持监督委依法依规履行监督责任；监督委作为专门监督机构，独立行使监督权，依照公司法对董事会、经理层进行监督，依照党内监督条例，加强对党委的监督；董事会接受党委、监督委监督，认真履行定战略、作决策、防风险职责；经理层接受董事会、监督委监督，依法履行谋经营、抓落实、强管理职责。

四、构建中国特色现代国有企业监督体系的建设路径

领导体制上推行"一把手"责任制、成立监督委员会，实现党对监督工作的全面领导；工作上推行"三协同"机制，实现各类监督贯通协同；制度设计上推行"监督进章程""监督进流程"等制度融合、程序融合举措，实现监督真正融入公司治理全过程。

（一）组织机构

成立监督委员会，主任由党委书记兼任，实行"一把手"责任制，副主任由纪委书记（纪检监察组组长）和监事会负责人兼任，成员由相关部门负责人组成。监督委员会以党章党规党纪、国家法律法规及企业内部规章制度为依据，开展监督检查、执纪执规执法等工作。

（二）工作机制

一方面，建立横向联动协同、纵向贯通协同、内外合作协同的"三协同"机制，驱动监督运行体系高效运转。

在横向联动协同上，主要是建立联席会议机制，监督委员会成员单位定期召开会议。建立第一清单机制，把政治监督摆在首位，靶向发力推进政治监督具体化、常态化。建立计划协同机制，每年提出协同监督事项，经联席会审核通过后执行；建立联合检查机制，各方监督力量组成联合检查组，精准监督，及时发现重大现实或潜在问题；建立线索移送机制，各监督主体将监督检查中发现的问题线索，按不同性质分别向其他部门移送；建立信息沟通机制，各监督主体对工作中发现的其他监督主体职责范围内的重要情况，及时向其通报。

在纵向贯通协同上，主要是强化党组织自上而下的监督机制，党委持续加强对下级领导班子及其成员，特别是"一把手"的监督。强化纪检监察双重领导体制机制，查办腐败案件以上级纪委领导为主，重大事项、重点工作要及时向上级纪委请示报告，全面准确反映情况；强化巡视巡察上下联动机制，推动"巡视带巡察"，加强对巡察工作的指导督导，压实党委巡察工作主体责任，切实把监督工作落实到基层；强化上下级监督委员会沟通机制，监督委员会定期向上级监督委员会报告监督工作新情况、新问题、新建议；强化职能部门监督指导机制，总部部门发挥综合、协调、指导职责，推动本领域监督工作向基层延伸。

在内外合作协同上，主要是健全上级支持机制，各纪检机构积极主动向上级纪检机构请示报告工作，形成纪检系统合力。健全地方协作机制，探索国企与地方纪检监察机构和地方纪委监委协同工作，与军企、地企联合监督的新途径；健全境外协调机制，针对国有企业境外机构存在的廉洁风险，协同国资、财政等部门，建立健全境外腐败治理工作协调机制和廉洁风险防控体系。

另一方面，建立支持保障机制，为"三协同"保驾护航。一是领导保障机制。各级党委是监督运行体系建设的责任主体，要把监督工作作为参与企业管理、为企业发展服务的重要手段，切实加强领导，明确各部门在体系中的职责。二是信息共享机制。大力推进监督信息化建设，通过数据存储、精准查询、任务管控、综合预警、智能分析等功能，实现成员部门间监督信息共享，促进监督成果的运用和转化。三是考核评价机制。将监督体系建设情况纳入对各级党组织年度工作检查的重要内容，将年度监督计划完成情况纳入有关业务部门考核管理，与绩效薪酬奖惩挂钩。四是队伍保障机制。设立各部门监督联络员，收集、反馈监督信息；加强对监督工作人员的教育培训，做好分级分类全员培训。

（三）制度设计

一是统筹建好衔接制度。把各类监督制度设计放在企业制度体系大框架下考量，统筹推进"框架性、实体性、程序性、保障性、专项性"5个方面制度建设，推动各类监督统筹衔接在规范化、制度化轨道上高速运行。二是监督进公司章程。将监督委员会主要职责在公司章程的党建章节予以明确，确保监督委履行职责有章可循、有据可依。三是监督进岗位职责。坚持"谁主管业务、谁负责监督"，把监督职责在岗位说明书中予以明确，并作为员工业绩考评的重要组成部分，推动监督寓于业务管理之中。四是监督推进制度规范。推动监督制度与生产经营相关制度统筹衔接，把监督融入公司治理各环节。五是监督进业务流程。抓住关键环节，认真逐项排查，查找廉洁和违纪风险，针对性制定防控措施，确保监督进业务流程落地可行。

附　录

国务院办公厅关于进一步盘活存量资产扩大有效投资的意见

国办发〔2022〕19号

各省、自治区、直辖市人民政府，国务院各部委、各直属机构：

经过多年投资建设，我国在基础设施等领域形成了一大批存量资产，为推动经济社会发展提供了重要支撑。有效盘活存量资产，形成存量资产和新增投资的良性循环，对于提升基础设施运营管理水平、拓宽社会投资渠道、合理扩大有效投资及降低政府债务风险、降低企业负债水平等具有重要意义。为深入贯彻习近平新时代中国特色社会主义思想，完整、准确、全面贯彻新发展理念，加快构建新发展格局，推动高质量发展，经国务院同意，现就进一步盘活存量资产、扩大有效投资提出以下意见。

一、聚焦盘活存量资产重点方向

（一）重点领域。一是重点盘活存量规模较大、当前收益较好或增长潜力较大的基础设施项目资产，包括交通、水利、清洁能源、保障性租赁住房、水电气热等市政设施、生态环保、产业园区、仓储物流、旅游、新型基础设施等。二是统筹盘活存量和改扩建有机结合的项目资产，包括综合交通枢纽改造、工业企业退城进园等。三是有序盘活长期闲置但具有较大开发利用价值的项目资产，包括老旧厂房、文化体育场馆和闲置土地等，以及国有企业开办的酒店、餐饮、疗养院等非主业资产。

（二）重点区域。一是推动建设任务重、投资需求强、存量规模大、资产质量好的地区，积极盘活存量资产，筹集建设资金，支持新项目建设，牢牢守住风险底线。二是推动地方政府债务率较高、财政收支平衡压力较大的地区，加快盘活存量资产，稳妥化解地方政府债务风险，提升财政可持续能力，合理支持新项目建设。三是围绕落实京津冀协同发展、长江经济带发展、粤港澳大湾区建设、长三角一体化发展、黄河流域生态保护和高质量发展等区域重大战略及推动海南自由贸易港建设等，鼓励相关地区率先加大存量资产盘活力度，充分发挥示范带动作用。

（三）重点企业。盘活存量资产对参与的各类市场主体一视同仁。引导支持基础设施存量资产多、建设任务重、负债率较高的国有企业，把盘活存量资产作为国有资产保值增值及防范债务风险、筹集建设资金、优化资产结构的重要手段，选择适合的存量资产，采取多种方式予以盘活。鼓励民营企业根据实际情况，参与盘活国有存量资产，积极盘活自身存量资产，将回收资金用于再投资，降低企业经营风险，促进持续健康发展。

二、优化完善存量资产盘活方式

（四）推动基础设施领域不动产投资信托基金（REITs）健康发展。进一步提高推荐、审核效率，鼓励更多符合条件的基础设施REITs项目发行上市。对于在维护产业链供应链稳定、强化民生保障等方面具有重要作用的项目，在满足发行要求、符合市场预期、确保风险可控等前提下，可进一步灵活合理确定运营年限、收益集中度等要求。建立健全扩募机制，探索建立多层次基础设施REITs市场。国有企业发行基础设施REITs涉及国有产权非公开协议转让的，按规定报同级国有资产监督管理机构批准。研究推进REITs相关立法工作。

（五）规范有序推进政府和社会资本合作（PPP）。鼓励具备长期稳定经营性收益的存量项目采用PPP模式盘活存量资产，提升运营效率和服务水平。社会资本方通过创新运营模式、引入先进技术、提升运营效率等方式，有效盘活存量资产并减少政府补助额度的，地方人民政府可采取适当方式通过现有资金渠道予以奖励。

（六）积极推进产权规范交易。充分发挥产权交易所的价值发现和投资者发现功能，创新交易产品和交易方式，加强全流程精细化服务，协助开展咨询顾问、尽职调查、方案优化、信息披露、技术支撑、融资服务等，为存量资产的合理流动和优化配置开辟绿色通道，推动存量资产盘活交易更加规范、高效、便捷。采取多种方式加大宣传引导力度，吸引更多买方参与交易竞价。

（七）发挥国有资本投资、运营公司功能作用。鼓励国有企业依托国有资本投资、运营公司，按规定通过进场交易、协议转让、无偿划转、资产置换、联合整合等方式，盘活长期闲置的存量资产，整合非主业资产。通过发行债券等方式，为符合条件的国有资本投资、运营公司盘活存量资产提供中长期资金支持。

（八）探索促进盘活存量和改扩建有机结合。吸引社会资本参与盘活城市老旧资产资源特别是老旧小区改造等，通过精准定位、提升品质、完善用途等进一步丰富存量资产功能、提升资产效益。因地制宜积极探索污水处理厂下沉、地铁上盖物业、交通枢纽地上地下空间综合开发、保障性租赁住房小区经营性公共服务空间开发等模式，有效盘活既有铁路场站及周边可开发土地等资产，提升项目收益水平。在各级国土空间规划、相关专项规划中充分考虑老港区搬迁或功能改造提升，支持优化港口客运场站规划用途，实施综合开发利用。

（九）挖掘闲置低效资产价值。推动闲置低效资产改造与转型，依法依规合理调整规划用途和开发强度，开发用于创新研发、卫生健康、养老托育、体育健身、休闲旅游、社区服务或作为保障性租赁住房等新功能。支持金融资产管理公司、金融资产投资公司及国有资本投资、运营公司通过不良资产收购处置、实质性重组、市场化债转股等方式盘活闲置低效资产。

（十）支持兼并重组等其他盘活方式。积极探索通过资产证券化等市场化方式盘活存量资产。在符合反垄断等法律法规前提下，鼓励行业龙头企业通过兼并重组、产权转让等方式加强存量资产优化整合，提升资产质量和规模效益。通过混合所有制改革、引入战略投资方和专业运营管理机构等，提升存量资产项目的运营管理能力。

三、加大盘活存量资产政策支持

（十一）积极落实项目盘活条件。针对存量资产项目具体情况，分类落实各项盘活条件。对产权不明晰的项目，依法依规理顺产权关系，完成产权界定，加快办理相关产权登记。对项目前期工作手续不齐全的项目，按照有关规定补办相关手续，加快履行竣工验收、收费标准核定等程序。对项目盘活过程中遇到的难点问题，探索制定合理解决方案并积极推动落实。

（十二）有效提高项目收益水平。完善公共服务和公共产品价格动态调整机制，依法依规按程序合理调整污水处理收费标准，推动县级以上地方人民政府建立完善生活垃圾处理收费制度。建立健全与投融资体制相适应的水利工程水价形成机制，促进水资源节约利用和水利工程良性运行。对整体收益水平较低的存量资产项目，完善市场化运营机制，提高项目收益水平，支持开展资产重组，为盘活存量资产创造条件。研究通过资产合理组合等方式，将准公益性、经营性项目打包，提升资产吸引力。

（十三）完善规划和用地用海政策。依法依规指导拟盘活的存量项目完善规划、用地用海、产权登记、土地分宗等手续，积极协助妥善解决土地和海域使用相关问题，涉及手续办理或开具证明的积极予以支持。坚持先规划后建设,对盘活存量资产过程中确需调整相关规划或土地、海域用途的,应充分开展规划实施评估,依法依规履行相关程序,确保土地、海域使用符合相关法律法规和国土空间用途管制要求。

(十四)落实财税金融政策。落实落细支持基础设施 REITs 有关税收政策。对符合存量资产盘活条件、纳税金额较大的重点项目,各级税务机关做好服务和宣传工作,指导企业依法依规纳税,在现行税收政策框架下助力盘活存量资产。支持银行、信托、保险、金融资产管理、股权投资基金等机构,充分发挥各自优势,按照市场化原则积极参与盘活存量资产。鼓励符合条件的金融资产管理公司、金融资产投资公司通过发行债券融资,解决负债久期与资产久期错配等问题。加强投融资合作对接,积极向有关金融机构推介盘活存量资产项目。

四、用好回收资金增加有效投资

(十五)引导做好回收资金使用。加强对盘活存量资产回收资金的管理,除按规定用于本项目职工安置、税费缴纳、债务偿还等支出外,应确保主要用于项目建设,形成优质资产。鼓励以资本金注入方式将回收资金用于具有收益的项目建设,充分发挥回收资金对扩大投资的撬动作用。对地方政府债务率较高、财政收支平衡压力较大的地区,盘活存量公共资产回收的资金可适当用于"三保"支出及债务还本付息。回收资金使用应符合预算管理、国有资产监督管理等有关政策要求。

(十六)精准有效支持新项目建设。盘活存量资产回收资金拟投入新项目建设的,优先支持综合交通和物流枢纽、大型清洁能源基地、环境基础设施、"一老一小"等重点领域项目,重点支持"十四五"规划102项重大工程,优先投入在建项目或符合相关规划和生态环保要求、前期工作成熟的项目。有关部门应加快相关项目审批核准备案、规划选址、用地用海、环境影响评价、施工许可等前期工作手续办理,促进项目尽快落地实施、形成实物工作量。

（十七）加强配套资金支持。在安排中央预算内投资等资金时，对盘活存量资产回收资金投入的新项目，可在同等条件下给予优先支持；发挥中央预算内投资相关专项示范引导作用，鼓励社会资本通过多种方式参与盘活国有存量资产。对回收资金投入的新项目，地方政府专项债券可按规定予以支持。鼓励银行等金融机构按照市场化原则提供配套融资支持。

五、严格落实各类风险防控举措

（十八）依法依规稳妥有序推进存量资产盘活。严格落实防范化解地方政府隐性债务风险的要求，严禁在盘活存量资产过程中新增地方政府隐性债务。坚持市场化法治化原则，严格落实国有资产监督管理规定，做好财务审计、资产评估、决策审批等工作，除相关政策规定的情形外，应主要通过公共资源交易平台、证券交易所、产权交易所等公开透明渠道合理确定交易价格，严防国有资产流失。充分保障债权人的合法权益，避免在存量资产转让过程中出现债权悬空。多措并举做好职工安置，为盘活存量资产创造良好条件和氛围。所有拟发行基础设施REITs的项目均应符合国家重大战略、发展规划、产业政策、投资管理法规等相关要求，保障项目质量，防范市场风险。

（十九）提升专业机构合规履职能力。严格落实相关中介机构自律规则、执业标准和业务规范，推动中介机构等履职尽责，依法依规为盘活存量资产提供尽职调查、项目评估、财务和法律咨询等专业服务。积极培育为盘活存量资产服务的专业机构，提高专业化服务水平。对违反相关法律法规的中介机构依法追责。

（二十）保障基础设施稳健运营。对公共属性较强的基础设施项目，在盘活存量资产时应处理好项目公益性与经营性的关系，确保投资方在接手后引入或组建具备较强能力和丰富经验的基础设施运营管理机构，保持基础设施稳健运营，切实保障公共利益，防范化解潜在风险。推动基础设施REITs基金管理人与运营管理机构健全运营机制，更好地发挥原始权益人在项目运营管理中的专业作用，保障基金存续期间项目持续稳定运营。

六、建立工作台账强化组织保障

（二十一）实行台账式管理。全面梳理各地区基础设施等领域存量资产情况，筛选出具备一定盘活条件的项目，建立盘活存量资产台账，实行动态管理。针对纳入台账项目的类型和基本情况，逐一明确盘活方案，落实责任单位和责任人。地方各级人民政府要加强指导协调，定期开展项目调度，梳理掌握项目进展情况、及时解决存在问题，调动民间投资参与积极性。

（二十二）建立健全协调机制。由国家发展改革委牵头，会同财政部、自然资源部、住房城乡建设部、人民银行、国务院国资委、税务总局、银保监会、证监会等部门，加强盘活存量资产工作信息沟通和政策衔接，建立完善工作机制，明确任务分工，做好指导督促，协调解决共性问题，形成工作合力，重大事项及时向党中央、国务院报告。各地区建立相关协调机制，切实抓好盘活存量资产、回收资金用于新项目建设等工作。

（二十三）加强督促激励引导。对盘活存量资产、扩大有效投资工作成效突出的地区或单位，以适当方式积极给予激励；对资产长期闲置、盘活工作不力的，采取约谈、问责等方式，加大督促力度。适时将盘活存量资产、扩大有效投资有关工作开展情况作为国务院大督查的重点督查内容。研究将鼓励盘活存量资产纳入国有企业考核评价体系。对地方政府债务率较高的地区，重点督促其通过盘活存量资产降低债务率、提高再投资能力。当年盘活国有存量资产相关情况，纳入地方各级政府年度国有资产报告。

（二十四）积极开展试点探索。根据实际工作需要，在全国范围内选择不少于30个有吸引力、代表性强的重点项目，并确定一批可以为盘活存量资产、扩大有效投资提供有力支撑的相关机构，开展试点示范，形成可复制、可推广的经验做法。引导各地区积极学习借鉴先进经验，因地制宜研究制定盘活存量资产的有力有效措施，防止"一哄而上"。

国务院办公厅
2022年5月19日

参考文献

[1] 张广艳.变"闲"为"宝" 让沉睡资产"活"起来[N].滨城时报，2023-01-12（1）.

[2] 高歌.发挥评估作用助力盘活存量资产[N].中国会计报,2022-11-18(8).

[3] 李小浩.盘活存量资产政策背景下武汉市保障性租赁住房发展路径研究[J].上海房地，2022（11）：35-38.

[4] 王达峰.创新推动国有资产深入转型：探索上海国有企业存量房的资产盘活更新[J].上海房地，2022（10）：6-10.

[5] 金琳.存量焕新[J].上海国资，2022（9）：16-21.

[6] 周军山，杨柳，段文明.资产盘活，长沙城发有"绝活"[J].城市开发，2022（9）：52-55.

[7] 吴雨宸.打破地域限制盘活存量资产：徐州徐工汽车制造有限公司闲置工程车辆处置案例[J].产权导刊，2022（8）：57-58.

[8] 李小浩.盘活存量资产政策背景下保障性租赁住房发展路径研究[J].中国房地产，2022（21）：24-28.

[9] 李泽正.加快盘活存量资产 形成投资良性循环[J].中国投资（中英文），2022（Z7）：96-97.

[10] 国务院办公厅.国务院办公厅关于进一步盘活存量资产扩大有效投资的

意见[EB/OL].[2022-05-19].https://www.gov.cn/gongbao/content/_5696242.htm.

[11] 江聃.盘活存量资产国资委优化国有资产交易流转[N].证券时报，2022-06-03（A02）.

[12] 齐江翼.国有企业如何做好盘活资产提高效率[J].老字号品牌营销，2022（10）：148-150.

[13] 张淑.国有重资产企业资产闲置的动因及盘活对策研究[J].商讯，2022（6）：119-122.

[14] 王晓东.扎实推进资产全生命周期管理工作体系：朔州市2020年行政事业性国有资产管理情况报告[J].行政事业资产与财务，2022（3）：6-7.

[15] 天津国资存量资产盘活路径实践研究[J].产权导刊，2022（1）：55-61.

[16] 黄力.加强财政监督探索存量国有资产盘活路径[J].行政事业资产与财务，2021（21）：5-6，4.

[17] 刘解文，谢小东.国有资产闲置的成因及对策[J].中国市场，2021（24）：65-66.

[18] 朱丹.统筹地方政府资产管理与预算管理[J].中国金融，2021（16）：78-79.

[19] 陈玲.新冠肺炎疫情下加强基层财政库款保障的思考[J].预算管理与会计，2020（12）：25-26.

[20] 胡建忠.资本性投行是AMC发展方向[J].中国金融，2020（21）：41-43.

[21] 彭杨.关于地方城投公司盘活存量资产的几点思考建议[J].今日财富，2020（18）：55-56.

[22] 北京市财政局.北京：管好资产为科学决策提供有力支撑[J].中国财政，2020（3）：44-45.

[23] 任晓燕.国有企业设立资产经营管理公司的可行性研究[J].冶金财会，2019（12）：21-23.

[24] 朱海斌.盘活企业存量资产新路初探[J].行政事业资产与财务，2019（21）：12-13.

[25] 巩聪聪.把握国企资管机遇 掘金运营赋能蓝海：专业人士分享国有存量资产盘活增值之道[J].山东国资，2019（9）：50-51.

[26] 徐进，张明.运用PPP模式盘活存量资产研究[J].财政科学，2019（9）：47-58.

[27] 廖佳.国有企业盘活存量资产的有效对策探讨[J].商讯，2019（25）：102-103.

[28] 段雯.存量市政基础设施应用PPP模式的影响因素分析与对策研究[D].西安：西安建筑科技大学，2019.

[29] 邵可一，陈素娟.国有企业盘活存量资产的有效对策探讨[J].企业改革与管理，2019（7）：170，176.

[30] 温珀玮，孙斌，余洁.盘活沿江高速存量资产[J].中国公路，2019（5）：50-53.

[31] 丁娜.强化监督 探索盘活存量资产 提高资产使用效益[J].河北企业，2019（2）：22-23.

[32] 陈燕莉.推动城市更新视角下盘活存量资产研究[J].中国市场，2019（2）：1-5.

[33] 周研.国有企业闲置报废固定资产定价方法的探索[J].商场现代化，2018（6）：142-143.

[34] 黎妍伦.盘活国有存量资产发展产业园的SWOT分析[J].中国民商，2018（1）：127.

[35] 王一婷.基于产权视角的中国铁路信托资产证券化影响机理研究[D].北京：北京交通大学，2018.

[36] 薛涛.《国家发展改革委关于加快运用PPP模式盘活基础设施存量资产有关工作的通知》解读[J].中国工程咨询，2017（10）：15-17.

[37] 国家发展改革委.国家发展改革委关于加快运用PPP模式盘活基础设施存量资产有关工作的通知[EB/OL].（2017-07-07）[2023-06-07].https://www.gov.cn/xinwen/2017-07/07/content_5208644.htm.

[38] 李贺先，和瑞玲.秦皇岛：盘活存量国有资产拓展财政增收空间[J].产

权导刊，2017（4）：66-67.

[39] 彭民贵，曹龙清. 探索盘活存量资产提高资产使用效益[J]. 行政事业资产与财务，2017（1）：9-11，92.

[40] 段贵宏. 论大型国有老煤炭集团的资产盘活工作[J]. 煤炭经济管理新论，2014（0）：397-399.

[41] 蒲元平，赵劲风. 基层国有资产管理的探索与成效[J]. 西部财会，2014，（10）：7-8.

[42] 张茉楠."存量"之战[J]. 商周刊，2013（18）：61.

[43] 吴涛. 完善行政事业资产管理机制的对策建议[J]. 中国财政，2013（10）：39-41.

[44] 刘博然. 盘活存量国有资产是存续资产经营的有效措施[J]. 炼油与化工，2012（3）：48-51，60.

[45] 周正华，周继军，戴先庆，等. 盘活存量资产加强收益征管[J]. 行政事业资产与财务，2010（8）：54-56.

[46] 朱赣洪. 国有企业存量土地依法盘活问题研究[D]. 南昌：南昌大学，2009.

[47] 林蔚学. 盘活存量资产是条融资途径[N]. 闽西日报，2009-07-23（7）.

[48] 武自然. 天津市国有经济发展势头良好[N]. 经济日报，2009-07-02（9）.

[49] 谢立明. 沧州：探索国有资产运营的有效方式[J]. 产权导刊，2008（8）：65-66.

[50] 吴明. 警惕"债转股"后国有资产流失[N]. 中国企业报，2006-05-22（2）.

[51] 张晓梅，吴明，张骅. 安徽国有企业改革取得突破性进展[N]. 中国企业报，2006-03-14（7）.

[52] 举全市之力打好国企改革战役 盘活存量资产实现"工业强市"[N]. 兰州日报，2006-01-06（A03）.

[53] 芮桂杰. 探讨盘活商业企业存量资产的新思路：关于丹东一百现象的调查报告[J]. 辽东学院学报，2005（5）：88-90.

[54] 中共吉林省委党校课题组."一举三得"：盘活国有资产存量的整体效

应：东北老工业基地调整、改造主导思路研究之三[J].长白学刊，2005（3）：75-77.

[55] 李保民.盘活存量资产调整产权结构的九种实现方式[J].产权导刊，2005（5）：5-7，13.

[56] 唐现杰，张海峰.老工业基地国有存量资产盘活策略分析[J].林业财务与会计，2004（12）：23-24.

[57] 曾锐谋.盘活关闭停产国有企业存量资产的思考[J].南方经济，2003（11）：48-49.

[58] 邱婉玲.盘活国有企业存量资产的步骤与对策[J].海南金融，2003（8）：61-62.

[59] 钟裕敏.吸引外资，资产重组是国有大中型企业盘活存量资产的有效途径[J].焊管，2002（6）：27-31，62.

[60] 王莉荣，梁乙平.盘活存量资产之我见[J].煤矿现代化，2002（5）：45-46.

[61] 刘金龙.浅谈国有工业企业盘活存量资产存在的主要问题及对策[J].审计理论与实践，2002（8）：25-27.

[62] 陈刚.运用投资银行手段盘活国有存量资产[J].上海国资，2002（7）：24-27.

[63] 杨水法.浅谈盘活国有企业存量资产的途径和方法[J].中州审计，2002（5）：27.

[64] 陈国仁，夏丹山，陈海熊.盘活存量资产 置换职工身份：上虞市国有农场抓改革再现生机[J].中国农垦，2002（5）：11-12.

[65] 刘宝兴.国有商业企业盘活存量资产问题的探讨[J].审计理论与实践，2001（10）：25-26.

[66] 范建军.盘活国有存量资产的新思路[J].现代企业，2001（7）：9-10.

[67] 郑新生.盘活存量，用好增量，提高国有企业经济的竞争力[J].工业技术经济，2001（3）：97-104.

[68] 李诗，黎大东，白林.资产要盘活水分必挤干[N].新华每日电讯，2000-06-19（002）.

[69] 李瑞群.国有大型煤炭企业资本运营的现状及对策[J].煤炭经济研究,2000(6):19-20.

[70] 翟桂华.盘活存量资产 闯出自强之路[J].中国矿业,2000(1):24-27.

[71] 许学武.上海产权市场的昨天、今天和明天[J].上海管理科学,1999(6):13-15,49.

[72] 周朋.盘活存量资产应处理好的几个关系[J].天津商学院学报,1999(6):53-55,64.

[73] 德清县政协课题组.国有集体工业企业存量资产应如何盘活[J].浙江经济,1999(9):36-37.

[74] 戚柳放.重视盘活国有书店的存量资产[J].图书发行研究,1999(3):34-36.

[75] 朱宁.盘活存量促发展——合肥市财政部门盘活存量资产的几点做法[J].安徽决策咨询,1999(6):32-33.

[76] 卫临喜.国有运输企业如何盘活存量资产提高资本运营[J].内蒙古公路与运输,1999(1):53-55.

[77] 郑士贵.树立资本营运观念盘活国有存量资产[J].管理科学,1999(2):12.

[78] 周先彬,程碧璋,郑家余.在利用和盘活国有存量资产上实施突破——关于加快发展个体私营经济的一点思考[J].江淮论坛,1999(1):59-62.

[79] 杨宝三.树立资本营运观念 盘活国有存量资产[J].宁夏大学学报(人文社会科学版),1998(3):79-81.

[80] 戴晶,刘丽滨.关于盘活存量国有资产的思考[J].黑龙江交通科技,1998(2):65-66,43.

[81] 郑士贵.运用科技增量盘活国有企业存量资产途径的初探[J].管理科学文摘,1998(6):21.

[82] 王东明,郭守华.对连云港中小商业企业改制的调查[J].商业经济研究,1998(4):23-25.

[83] 谢林林,廖颖杰.对盘活国有资产存量几个问题的认识[J].南方经济,1998(2):56-57,43.

[84] 李彬,杨允兴.浅谈盘活存量资产的途径[J].中州审计,1998(3):33.

[85] 潘经民.强化财务管理 盘活存量资产[J].商业会计,1998(2):14-15.

[86] 刘湘君.浅谈银行债权重组与盘活存量资产[J].新疆财经,1998(1):62-64.

[87] 刘朴,任树伟.运用科技增量盘活国有企业存量资产途径的初探[J].科学学与科学技术管理,1998(1):19-20.

[88] 王国娟.抓住有利时机 盘活存量资产:对国有大中型企业内部"放小"的思考[J].上海企业,1998(1):40-43.

[89] 王兴彪,王和.盘活现有资产 增强发展活力 搞活市办国有企业经济[J].地方政府管理,1998(1):23-24.

[90] 潘经民.用改革的精神强化财务管理盘活资产存量[J].辽宁财税,1998(1):8-9,11.

[91] 王顺生.提高国有工业企业经济效益应在盘活、优化存量资产上下功夫[J].工业会计,1998(1):23-25.

[92] 毛改珍.浅谈审计为企业盘活存量服务[J].中州审计,1997(12):13-14.

[93] 孙桂芳.盘活存量资产 搞好国有经济[J].立信学刊,1997(4):22-25.

[94] 肖海有,闫捷临.实施破产重组 盘活存量资产[J].中国纺织经济,1997(10):40-43.

[95] 周培坤.如何盘活厦门空港国有存量资产[J].福建改革,1997(8):14-16.

[96] 我国经济体制改革力求有较大突破[J].工业会计,1997(8):8.

[97] 邱士奎.国有物资企业资产流失的思考[J].中国物资流通,1997(8):38-39.

[98] 杨鸽鹏.盘活国有存量资产的方法[J].特区经济,1997(7):56.

[99] 杜宝玺,周培功,张爱君.浅谈国有肉类企业盘活存量资产的途径和方法[J].肉类研究,1997(2):11-13.

[100] 李万明，周阿骊，张静. 规范破产兼并机制 盘活国有存量资产 [J]. 新疆农垦经济，1997（3）：28-30.

[101] 周晋源. 盘活存量 优化结构 努力提高国有资产营运效益 [J]. 现代商业，1997（4）：23-24.

[102] 魏雅勤. 关于企业重组的理论思考 [J]. 青岛大学师范学院学报，1997（1）：63-66.

[103] 雷渊智. 以无形资产作催化剂盘活国有企业存量资产 [J]. 湖南商学院学报，1997（1）：19-20，36.

[104] 郭上沂，郑海啸. 盘活四川军工企业国有资产的对策研究 [J]. 理论与改革，1997（1）：15-17.

[105] 萧灼基. 萧灼基谈国有企业改革：建立国有控股公司 盘活存量资产 [J]. 北京统计，1996（11）：9-11.

[106] 陶仁泉. 盘活存量资产发展国有经济：上海制球联合公司的实践 [J]. 上海企业，1996（9）：7-9，13-2.

[107] 凌云志，王树荣. 并购：96中国经济领域新热点 [J]. 城市研究，1996（4）：9-13.

[108] 文水. 唤醒沉睡的"巨龙"：国有企业盘活存量资产追踪 [J]. 中国商贸，1996（14）：13.

[109] 李雄强. 探索盘活存量资产 振兴国有商业的新思路 [J]. 广西商业经济，1996（3）：15-17.

[110] 彭明. 企业产权交易是盘活国有存量资产的现实道路 [J]. 河北大学学报（哲学社会科学版），1996（1）：107-110，134.

[111] 钱宏亮. 盘活存量资产，搞好国有经济 [J]. 大连干部学刊，1996（1）：29-31.

[112] 李兵，张犁. 关于解决企业债务拖欠，盘活债权和存量资产的建议 [J]. 信息经济与技术，1996（2）：28-29.

[113] 吕卓然，李柯生，王树杰. 要重视盘活国有资产存量 [J]. 黑龙江财会，1995，（12）：36-37.

[114] 代明忠.随州采取"八字法"盘活国有资产存量[J].国有资产管理,1995(9):62.

[115] 吴兴群.加快盘活存量资产 促进资产优化配置[J].上海管理科学,1995(3):20-22.

[116] 杜利平.盘活股份制企业国有存量资产初探[J].浙江省政法管理干部学院学报,1994(3):26-28.

[117] 耿鸿福,于炜.深化产权制度改革 盘活用好国有资产[J].上海综合经济,1994(8):12-14.